Jo Hanns Rösler

Beste Geschichten

7. Auflage

Schutzumschlag: Werner Bürger, Berlin
Gesamtherstellung: Wiener Verlag
Printed in Austria 1981
ISBN 3-7766-0592-8

Inhalt

Die drei Siebe

Zu meinem Nachbarn kam einer, der sagte:
»Hör, Feichten, ich muß dir erzählen, was dein Freund Kunz über dich . . .«
Mein Nachbar unterbrach:
»Bevor du es mir erzählst, verrate mir, ob du das, was du mir erzählen willst, durch die drei Siebe geseiht hast.«
»Durch welche drei Siebe?«
»Zuerst durch das Sieb der Wahrheit«, sagte mein Nachbar, »hast du geprüft, ob es wahr ist, was du mir erzählen willst?«
»Nein. Ich hörte es nur. Man hat es mir erzählt.«
Der Nachbar nickte.
»Dann hast du es sicher durch das zweite Sieb geseiht, durch das Sieb der Freude. Sicher ist das, was du mir erzählen willst, auch wenn es nicht wahr sein sollte, gut für mich, und es macht mir Freude?«
»Freude wird es dir kaum machen, Feichten.«
»Wenn es mir auch keine Freude macht, dann wird es wohl durch das dritte Sieb gelaufen sein, durch das Sieb der Nützlichkeit. Ist das, was du mir erzählen willst, mir dienlich und von Nutzen?«
»Nein. Keineswegs.«
Da sprach mein Nachbar:
»Wenn das, was du mir erzählen willst, weder wahr noch erfreulich, noch nützlich ist, so behalte es für dich! Und vergiß es bald! . . .«

Wie geht es Ihnen?

Vor Jahren traf ich einen Bekannten auf der Straße und rief:
»Hallo! Wie geht es Ihnen?«
Er seufzte schwer und stöhnte:
»Kein Hund möchte so länger leben! Ohne Wohnung, in Untermiete, die Möbel ein Graus, die Wirtin ein Biest — ich habe einen kleinen Kiosk aufgemacht, einen Kredit aufgenommen, die Zinsen fressen einen auf, außerdem soll der Kiosk jeden Tag abgerissen werden, ist das ein Zustand? Das ist mein einziger Anzug, wenn ich einen Mantel brauche oder die Kinder Schuhe für die Schule, wird es zum Problem. Dazu eine Frau, die auch nicht jünger geworden ist und mir den ganzen Tag vorjammert, daß sie nichts vom Leben hätte — wenn ich abends müde heimkomme, hängt der Haussegen schief, wie überall, wo der Mann zu wenig verdient, gelegentlich können wir uns einmal eine Kinokarte leisten, ganz vorn, den billigsten Platz — wissen Sie, manchmal hat man das Ganze so satt, daß man am liebsten Schluß machen möchte, die Jahre plagen einen auch, ich müßte schon längst zum Zahnarzt, aber ich bin in keiner Krankenkasse, in keiner Versicherung, wenn mir einmal etwas zustößt, ich weiß wirklich nicht mehr, wie es dann weitergehen soll . . .«
Jahre später traf ich ihn wieder.

»Hallo!« rief ich, »wie geht es Ihnen?«
Er strahlte aus allen Nähten seines modischen Anzuges.
»Bestens, mein Lieber, bestens! Sehen Sie da drüben das große Haus mit der Leuchtschrift PLAN WERBUNG, PLAYING STUDIOS? Zehn Stock, sechshundert Angestellte — das bin ich! Sehen Sie den Prachtwagen? Er gehört mir. Wenn ich auf die Bank gehe, wer grüßt mich zuerst? Der Bankdirektor! So eine Verbeugung macht er, Kunststück bei dem neunstelligen Konto meines Bankguthabens. Dann habe ich mir im besten Wohnviertel der Stadt eine Traumvilla gebaut mit geheiztem Swimming-pool und Springbrunnen, beleuchtet natürlich, einen englischen Rasen, der jeden Morgen mit meinem Motormäher gemäht wird. Das mache ich selbst, das ist mein Morgensport. Sie sollten mich einmal dabei sehen, wie gute Laune das macht, da verfliegen alle Geschäftssorgen, da kommen die guten Einfälle, die dann Geld bringen — was soll ich Ihnen noch von mir erzählen? Da, sehen Sie, neue Zähne, schöner als die eigenen, sind ja auch die eigenen, ich habe sie ja bezahlt, haha! In der Oper haben wir ein Abonnement, Farbfernseher und Stereoanlage natürlich, in die Börse bin ich auch rechtzeitig eingestiegen, wenn Sie meine Lebensversicherungspolice sehen würden, Sie fielen um, der Direktor dachte zuerst, er hätte sich verhört, aber so dumm bin ich nie wieder, mich nicht gegen alle Wechselfälle versichern zu lassen, da steht dann das Haus wie auf

Zement, aber bei mir können Sie stehlen, einbrechen, Feuer legen, die Treppe hinunterfallen und sich sämtliche Glieder brechen — und wenn ich einmal sterbe, habe ich noch ein großartiges Begräbnis dazu! Im Winter in Ägypten, im Herbst im sonnigen Meran mit seinen Traumhotels, im Sommer auf Irland, Lachse fischen . . .«

Er hatte mich am Knopf meines Mantels festgehalten. Ich hatte es eilig. Er schien es nicht zu merken.

»Sie haben sich nicht verändert«, sagte ich zu ihm.

»Wieso? Wieso nicht?«

»Als ich Sie vor zehn Jahren traf, haben Sie mir eine lange Litanei vorgejammert, wie *schlecht* es Ihnen geht — und heute erzählen Sie mir stundenlang, wie *gut* es Ihnen geht. Wer will das wissen?«

Er sah mich verständnislos an.

»Aber Sie haben mich doch danach gefragt?«

Ich sagte zornig:

»Wie geht es Ihnen? habe ich gefragt. Auf diese Frage antwortet ein guterzogener Mensch genau nur vier Worte!«

»Welche vier Worte?«

Ich nannte sie ihm: »Danke gut! Und Ihnen?«

Die Sonnenrosen des Herrn S.

Herr Seffrin wohnte schon ein paar Jahre etwas außerhalb unserer Stadt, als ich das Nachbarhaus mietete. Er hatte einen Teil des Jagdgebietes, das bis zum Rand seines Grundstücks reichte, gepachtet, und ich begegnete ihm manchmal auf meinen Spaziergängen durch die dichten Tannenwälder. Wir grüßten uns, sprachen gelegentlich auch ein paar belanglose Worte miteinander, zu einem engeren nachbarlichen Verkehr kam es nicht, nun ja, es waren auch keine Frauen vorhanden, die den nachbarlichen Umgang pflegten, wir waren beide Junggesellen und fanden keinen Grund, uns zu befreunden.
Dem Augenschein nach mußte Herr Seffrin in einem gewissen Wohlstand leben, ich sah ihn keinem Gewerbe und keinem Beruf nachgehen, es sei denn, daß er gelegentlich Früchte aus seinem Garten verkaufte, doch erschien mir dies eher eine Laune als eine Notwendigkeit. Das Merkmal seines Gartens waren kleine Beete, auf denen er Sonnenrosen züchtete, Sonnenrosen ganz besonderer Art, mit blutroten Blättern, leuchtend wie Sonnen beim Untergang, wenn ein Unwetter aufzieht, riesenhafte Sonnen, wie ich sie in dieser Vollkommenheit noch nie gesehen hatte. Immer wieder legte er neue Beete an, im Geviert, nur wenig mehr als zwei Meter in der Länge und einen Meter in der Breite. Eine zweite Gewohnheit meines Nach-

barn möchte ich gleich hier aufzeichnen, da sie eine wichtige Rolle spielen wird: Herr Seffrin sammelte Teppiche, besonders schöne und antike Stücke, seltene Bocharas, alte Anatols und Kirmans von Sammlerwert, auch Kameltaschen darunter, wie die Leute erzählten.

Wir lebten fast zwei Jahre nebeneinander, ohne daß sich irgend etwas in unseren Häusern ereignete, das des Erzählens wert wäre. Gelegentlich sah ich einen Besucher in das Haus meines Nachbarn gehen, Männer, die ich nicht kannte und die auch nicht aus unserer Stadt schienen, denn manchmal fragten sie mich am Gartenzaun nach dem Weg. Ich deutete dann zu dem nur fünf Steinwürfe entfernten Haus des Herrn Seffrin hinüber, der Fremde grüßte, und ich hielt weiter kein Augenmerk auf ihn. Die Fenster meines Arbeitszimmers lagen nach der anderen Seite hinaus, und erst am nächsten Morgen sah ich Herrn Seffrin wieder in seinem Garten arbeiten und ein neues Sonnenrosenbeet anlegen.

Der Zufall spielte mir eines Tages einen offenen Brief zu, als Geschäftspapiere bezeichnet, der versehentlich in meine Post geraten und an Herrn Seffrin adressiert war. Ich fand die Rechnung einer großen süddeutschen Zeitung darin für ein sechsmal in Monatsfolge eingerücktes Inserat: »Echte Orientteppiche, Sammlerstücke, weit unter Preis nur gegen bar abzugeben, Chiffre . . .«

Ich war ein wenig verwundert, denn ich wußte nicht,

was meinen Nachbarn zwang, Stücke aus seiner Sammlung zu verkaufen. Wir hatten uns gerade in der letzten Zeit ein paarmal auf einer Versteigerung getroffen, und er hatte einige besonders seltene und teure Stücke erstanden. Not konnte es also nicht sein, und noch unverständlicher erschien mir, daß er Teppiche in einer Zeitung ausschrieb, die so weit entfernt von seinem Wohnort war. Warum war er nicht auf das Nächstliegende verfallen, sie mir anzubieten, da er um mein Interesse wußte? Ich grübelte nicht lange darüber nach, sondern benutzte die Gelegenheit, als ich den Brief hinübertrug, ihn darum anzusprechen. Nein, sagte er überraschend heftig, er verkaufe keine Teppiche, die Sache mit dem Inserat beruhe auf einem Irrtum. Ich gab so leicht nicht nach und wiederholte meinen Wunsch und deutete auf einen Wandteppich mit ländlichen Szenen, für den ich jederzeit bereit wäre, ein Vermögen zu zahlen. Er sah mich eine Weile stumm von der Seite an, dann fragte er heiser:

»Würden Sie den Teppich in bar bezahlen?«

»Natürlich. Wenn Sie es wünschen?«

Er nannte einen Preis, der durchaus human war. Aber er wiederholte seine Bedingung, daß der Kauf Zug um Zug gehen müsse, in bar auf den Tisch, es wäre am besten, ich käme heute abend auf ein Glas Wein zu ihm herüber, um das Geschäft perfekt zu machen. Ich könnte dann den Teppich gleich mitnehmen, aber wie gesagt — Zug um Zug!

Herr Seffrin empfing mich am Abend mit einer Gastfreundschaft, wie ich sie nicht vorausgesehen hatte. Er hatte den Tisch festlich gedeckt, Kerzen brannten und er wies mir einen Stuhl an, von dem aus ich den Wandteppich unmittelbar vor mir hatte. Die schweren silbernen Kandelaber mit den Kerzen waren so aufgebaut, daß sie meinen Blick auf den Teppich nicht hinderten und die Farben des Gobelins besonders schön zum Leuchten brachten. Ich dankte ihm für die Aufmerksamkeit, er hob den kostbaren Pokal mit dem roten Wein und deutete mir an, es ihm gleichzutun.

»Ich hoffe, den richtigen Burgunder für diese Stunde gefunden zu haben«, sagte er ein wenig feierlich, »ich nehme an, Sie haben das Geld bei sich.«

»Ja. Einen Scheck auf meine Bank.«

Er ließ den Pokal sinken.

»Einen Scheck?«

»Ja.«

»Wir hatten bares Geld vereinbart!« sagte er scharf und sprang auf, »ich konnte annehmen, daß Sie sich an unsere Vereinbarung halten!« Damit griff er zornig nach meinem Glas, riß es mir aus der Hand und schleuderte es so heftig zu Boden, daß es zerklirrte. Er war mit eins so verwandelt, wie ich ihn noch nie gesehen hatte.

»Einen Scheck! Welche Blasphemie! Sie scheinen mich mit einem Händler zu verwechseln!« rief er höhnisch und schaltete den großen Leuchter über uns ein, daß

das grelle Licht schlagartig auf die sonderbare Szene fiel, »Sie haben Ihre Chance verpaßt, mein Herr! Betreten Sie in Zukunft mein Haus nicht mehr! Guten Abend!«
Das war alles so schnell vor sich gegangen, daß ich gar nicht dazukam, etwas zu erwidern. Ich ging, über mein eigenes Unvermögen verärgert, nach Hause und habe das Haus meines Nachbarn nie wieder betreten. Es ist jetzt eigentlich nichts mehr zu berichten bis auf die Tatsache, daß einige Monate später zwei Herren der Kriminalpolizei bei mir erschienen, um mich in der Mordsache Seffrin zu vernehmen. Herr Seffrin hatte durch Inserate, die er in verschiedenen großen Zeitungen aufgab, Interessenten für Teppiche in sein Haus gelockt und sie während der Kaufverhandlung durch vergifteten Wein ermordet und beraubt. Man fand über zwanzig Leichen in seinem Garten vergraben. Sie lagen unter kleinen Blumenbeeten, im Geviert, zwei Meter lang, einen Meter breit. Auf diesen Beeten blühten Sonnenrosen.

Frühstückstragödie

Das Leben mit Töchtern ist herrlich, aber anstrengend. Am Morgen ist es am schlimmsten.

Das plappert und plaudert am Frühstückstisch! Selbst die Hühner, streut man ihnen morgens ihr Futter hin, hören mit ihrem Gegacker auf und geben eine Weile Ruhe, während sie die Körner aufpicken und ihren Hunger stillen — junge Mädchen schweigen nicht einmal in dieser Minute. Eines Tages wurde es mir zu dumm.

»Kinder, ich muß am Morgen mit harter Arbeit verdienen, was ihr am Tage verbraucht«, sagte ich.

»Armer Papa!«

»Ich beklage mich nicht. Nur —«

»Sprich dich aus, Papa!«

Ich nahm allen Mut zusammen und sagte:

»Wie wäre es, wenn wir hinfort getrennt frühstükken?«

»Getrennt frühstücken? Jeder für sich, Papa?«

Ich nickte tapfer. Ich wollte meine Töchter nicht kränken.

»Ich weiß, wie sehr ihr an unserem gemeinsamen Frühstück hängt«, sagte ich. »Aber wenn ich mit meinem Frühstück zu Ende bin, bin ich es auch mit meinen Nerven. Ihr plappert und kichert, ihr wispert und flüstert, das Radio geht so laut wie eine Orgel, ihr singt und trällert und summt beim Brötchenstreichen, ihr streitet und versöhnt euch, ihr sprecht von Filmen, von Schauspielern, von Schallplatten, ihr erzählt von jungen, mir völlig unbekannten Männern, wie attraktiv sie aussehen, wie prima sie tanzen, wie blöd sie daherreden, was sie aus ihrem Wagen herausholen und was weiß ich noch alles. Es ist beglückend für mich, euren Stimmen zuzuhören — aber wenn ich nach dem Frühstück an meinen Schreibtisch gehe, bin ich völlig erschöpft, mir schwirrt der Kopf, mir dröhnen die Ohren, und ich brauche geraume Zeit, mich von dem Frühstück mit meinen drei geliebten Töchtern zu erholen. Darum wollte ich euch bitten, frühstückt hinfort getrennt von mir, frühstückt in der Küche. Es klingt hart, aber es muß sein. Zum Mittagessen sehen wir uns dann wieder. Denn nach dem Mittagessen lege ich mich sowieso ein wenig hin, dabei erhole ich mich automatisch. Aber frühstücken möchte ich hinfort lieber mit eurer Mutter allein.«

»Mutter redet doch auch?« rief Christine, meine Jüngste.

Ich nickte. »Ja, Kinder. Aber mit weniger Worten und mehr Verstand.«

Wie ich's gesagt hatte, so geschah es. Wir machten das Experiment. Es mißlang. Mir fehlte die gewohnte Fröhlichkeit sehr. Am Anfang begann ich unruhig hin und her zu rutschen, dann nahm ich meine Tasse und setzte mich zu meinen Töchtern in die Küche. Am sechsten Tag sagte ich zu meiner Frau:

»Wie wäre es, Kitty, wenn wir wenigstens eine unserer Töchter täglich beim Frühstück um uns hätten?«
»Welche, Johannes?«
»Abwechselnd natürlich. Im täglichen Turnus. Dieser Tag ist dann ein Freudentag für die Betreffende. Eine Art Sonntag in der Woche, wenn sie mit ihrem geliebten Vater frühstücken darf.«
Kitty sagte nur, sanft wie immer: »Tu das, Johannes!«
Ich ging zu meinen drei Töchtern in die Küche und erklärte ihnen mein Vorhaben. Sie lauschten mit gespitzten Ohren.
»Wenn nun eine von euch gern öfter mit Vater frühstücken will«, fuhr ich fort, »kann sie sich mit ihren Schwestern über diesen Punkt einigen. Am besten im Tauschweg mit dem Nachtisch. Wer auf sein Privileg, das Frühstück mit Vater zu nehmen, freiwillig zugunsten seiner Schwester verzichtet, bekommt dafür als Ersatz beim Mittagessen zweimal Kompott oder zwei Äpfel statt einem.«
Eines Tages beim Mittagessen bemerkte ich, daß just die Tochter, die heute mit mir gefrühstückt hatte, den doppelten Nachtisch bekam, also zwei Orangen statt einer. Am nächsten Tag war es wieder so. Ich vermutete noch immer einen Irrtum und beobachtete den merkwürdigen Vorfall eine Woche lang. Dann schien es mir an der Zeit, die Sache zur Sprache zu bringen.
»Wie kommt das?« fragte ich, noch immer ahnungslos.

Da sagte Mumei, meine erwachsene Tochter, die eigentlich Josefine hieß: »Ach, Papa, das mußt du verstehen!«
»Ich verstehe es eben nicht, darum frage ich euch.«
»Sag du es ihm, Caroline!«
Sie sah zu ihrer Schwester hinüber. Ich blickte ebenfalls zu ihr hin. Caroline zupfte verlegen am Tischtuch herum, dann sagte sie, zuerst zögernd, dann aber vom Inhalt ihrer Antwort hingerissen:
»Ach, Papa, es ist für uns Kinder immer so lustig ohne euch beim Frühstück. Da können wir reden, soviel wir wollen, auch durcheinander, ohne immer ermahnt zu werden. Das Radio geht einmal richtig laut, nur Tanzmusik natürlich, wir singen, wir tanzen, Mumei macht beim Frühstück ihre Rollkur, wir probieren neue Frisuren aus — wer von uns nicht dabeisein darf, weil er schweigend mit dir und Mutter auf der Terrasse frühstücken muß, bekommt sozusagen als Trost und Entschädigung den doppelten Nachtisch ...«
Ich sah meine Töchter der Reihe nach an, wie sie mit mir rund um den Mittagstisch saßen, die Josefine, die Caroline, die Christine, und da sie alle drei in dieser Minute dasselbe dumme Gesicht machten wie ich, schluckte ich die bittere Pille, die sie mir soeben verabreicht hatten, tapfer hinunter und liebte sie weiter, eine genauso wie die andere. Nur zu frühstücken brauchte keine mehr mit mir.

Das Mädchen ohne Adresse

Verliebt zu sein, ist ein beglückender Zustand.
Der Verliebte ist nie bescheiden.
»Du bist altmodisch, Margret!«
»Mag sein, Felix —«
»So hübsch und so hinterm Mond.«
»Hinterm Mond leben auch Leute.«
»Hör einmal zu«, sagte Felix, »jetzt kennen wir uns schon vier Wochen; ich weiß nicht, wie du heißt, ich weiß nicht, wo du wohnst, ich habe keine Telefonnummer von dir, keine Hausnummer, nicht einmal die Straße, jeden Abend treffen wir uns vor der Pop-Center-Galerie, in deren Nähe du arbeitest, und wenn ich mich eines Tages verspäte, habe ich dich für immer verloren.«
»Vielleicht ist das der Sinn, Felix. Dann brauchst du dir keine Ausreden auszudenken, wenn du mich eines Tages nicht mehr liebhast. Du kommst einfach zu spät, und ich bin aus deinem Leben verschwunden.«
»Das sind doch kindische Scherze! Ich werde dich nie verlassen —«
»Das schwört sich so leicht und vergißt sich so schnell.«
Felix gab ihr auf alle Fälle erst einmal einen Kuß.
Er brauchte ihn als Überleitung.
»Was sagst du zu Italien?«
»Es hat die Form eines Stiefels.«

»Kennst du Italien?«
»Ich war noch nie dort. Es ist mein schönster Traum.«
»Dein Traum wird in Erfüllung gehen«, sagte Felix eifrig, »ein Freund von mir hat auf Capri eine Casa, ein Häuschen. Ich habe ihm von uns erzählt. Er hat uns seine Casa zur Verfügung gestellt. Wir steigen in meinen Wagen und fahren nach Venedig, nach Florenz und dann hinunter nach Capri. Stell dir das vor: Capri, die Insel im Meer, ewige Sonne, südlicher Himmel, Orangen, Zitronen, Palmen, blaue Wogen, roter Chianti, Gitarren, die Blaue Grotte, die Felsen des Tiberius und wir zwei ganz allein, wir werden zusammen einkaufen, kochen, baden, am Meeresstrand liegen und uns küssen, vier Wochen lang – ein Märchen, Margret!«
»Es wird immer ein Märchen bleiben, Felix.«
»Es kann doch wahr werden? Du brauchst nur ja zu sagen, und schon morgen können wir fahren.«
»Schön wär's, schön wär's, wunderschön!« seufzte Margret. »Du müßtest zuvor Mama fragen, ob sie es erlaubt.«
»Darf ich? Wie heißt sie und wo wohnt sie?«
»Sie wohnt nicht hier.«
»Wo dann?«
»Ich schreib dir's auf.«
Und sie schrieb:
»Frau Anna Gibtsnicht, Nirgendheim an der Lüge, Falsche Fährte 13.«
Wenn ein Mann wirklich verliebt ist, hört er nicht

auf, der Geliebten tausend törichte Wünsche ins Ohr zu flüstern. Auch wenn die Mutter in Nirgendheim wohnt und man ihn auf die falsche Fährte schickt. Das mindert die Liebe nicht.

»Sag, wie du heißt!«

»Nein!«

»Sag, wo du wohnst!«

»Nein.«

So ging der Sommer vorüber. Im Herbst fallen die Äpfel. Felix' Herz blühte noch wie im Mai.

»Margret, jetzt kennen wir uns schon vier Monate ... flieg mit mir nach London und Paris ... ich lade dich ein ...«

»Nach Paris?«

»Die Seine, der Eiffelturm, die Champs-Elysées, die Notre-Dame, der Louvre, wenn es sein muß — wir werden uns in einem kleinen Hotel am Place du Tertre einmieten, wo die Maler wohnen, wo man auf der Straße tanzt, wo sie vor den Häusern in Körben Austern feilbieten und Nelkensträuße — dort sind wir dem Himmel nahe, nichts wird unser Glück zu zweien stören. Komm mit nach Paris!«

»Schön wär's, schön wär's, wunderschön!« seufzte Margret, »du müßtest zuvor Mama fragen, ob sie es erlaubt.«

»Gib mir die Adresse!«

Margret nickte. Sie schrieb:

»Frau Eva Weißnichtwie, Weißnichtwo im Wunschland, Schwindelhubergäßchen 19.«

Und wieder verging ein halbes Jahr.

Sie waren nicht in Paris gewesen und hatten nicht auf den Straßen getanzt.

Ein junges Mädchen fährt nicht mit einem jungen Mann allein nach Paris und nicht nach Capri in eine Casa. Auch wenn sie ihn noch so liebt. Da braucht sie gar nicht erst die Mutter fragen. So wußte Felix immer noch nicht, wie Margret mit ihrem Vatersnamen hieß und wo sie wohnte. Er wußte nur, daß er sie liebte und ohne sie nicht mehr leben konnte.

»Margret!« stöhnte er heftig.

»Hast du schon wieder einen geliebten dummen Vorschlag? Willst du schon wieder eine Reise machen?«

»Keine Reise, Margret. Nur einen kleinen Ausflug von einer halben Stunde. Aber es muß am Vormittag sein.«

»Einen Ausflug? Am Vormittag? Wohin?«

»Aufs Standesamt. Um dich zu heiraten.«

Da sagte Margret nicht: »Schön wär's, schön wär's, wunderschön!« Sie sagte nur ganz leise:

»Du müßtest zuvor Mama fragen, ob sie es erlaubt.«

»Mama in Weißnichtwo oder Mama in Nirgendheim?«

»Mama in unserer Stadt.«

Und Margret schrieb zum drittenmal die Adresse ihrer Mutter:

»Frau Universitätsprofessor Dr. Hedwig Hagemann, Pettenkoferstraße 9.«

Und diesmal, ja, diesmal stimmte die Adresse.

Der Schulweg

Im Haus meines Freundes Haberstock war großer Kinderlärm. Seine beiden Schulknaben Franz und Friedrich, einer acht und einer neun, lehnten es ab, sich von ihrem Vater im Volkswagen zur Schule bringen zu lassen, was er sonst jeden Morgen tat, sondern warteten auf ihren Schulfreund Erich, der täglich vom Chauffeur seines Vaters im Mercedes 220 in die Schule gefahren wurde und der ihnen versprochen hatte, sie heute abzuholen. Was ein rechter Vater ist, der fügt sich den Wünschen seiner Buben, in diesem Falle zu Recht, da es ja kein Unrecht ist, in einen größeren Wagen umsteigen zu wollen, der Traum auch mancher Erwachsener, denn so weit sind die Kinder in ihrem Verstand noch nicht, zu erkennen, daß ein Weg ein Weg bleibt, und nur das Ziel wichtig ist, ganz gleich, in welchem schnellen Sofa man dahin gelangt.

Mit dem Auto in die Schule, den Schulweg motorisiert — ich denke an meine eigene Jugend zurück, wo ich nicht einmal mit dem Rad in die Schule fahren durfte, weil nicht alle Kinder ein Fahrrad besaßen und mein Vater darauf bestand, daß ich mich in die Reihe der anderen einzuordnen habe, um nicht den Neid der anderen Kinder zu erwecken. Denn ein Fahrrad war damals um die Jahrhundertwende eine große Sache, und welches Kind eines besaß, wurde von den anderen darum heiß beneidet. So gingen wir unseren Schulweg zu Fuß, warteten vor den Haustüren auf die anderen, die Buben auch auf die Mädchen und umgekehrt. »Ich komme gleich!« rief es von oben herunter, oder das Gesicht einer Mutter erschien am Fenster und rief: »Else kommt heute nicht, sie hat die Masern!« Dann marschierten wir zu fünft oder siebent weiter und beneideten Else um die Masern, daß sie im Bett liegenbleiben konnte, während wir anderen früh aufstehen und uns abstrapazieren mußten.

Laßt die Kinder zu Fuß zur Schule gehen! Der Schulweg formt den Menschen. Er mag noch so lang sein, steil und beschwerlich, in der Sommerhitze oder in des Winters Kälte, der Schulweg ist ein Paradies, aus dem wir nicht vertrieben werden können. Er lehrt uns zum erstenmal, uns einzufügen in den Willen aller und daß eine Extrawurst, die einer für sich gebraten haben will, zu nichts taugt. Voll von aufregenden Abenteuern, werden auf ihm Freundschaften fürs Leben geschlossen, neue Wege erprobt, Abkürzungen, Hausdurchgänge, Denkmäler werden bestaunt, Spielsachen und Buchläden bewundert und Straßenschlachten im kleinen geliefert, Schneeballschlachten im Winter und Fußballvorübungen mit den heruntergefallenen braunen Kastanien im Herbst. Man sieht auf dem Schulweg dem Kaufmann im Fenster zu, wie er seine Ware dekoriert, man macht um das Schlachthaus des Metzgers einen ängstlichen Bogen, man läuft am Donnerstag auf dem Weg zur Schule über den Wochenmarkt, ersteht zu dritt eine Banane, zu viert einen Brathering, von der Brücke herunter sieht man den Anglern am Ufer zu und den Schiffen, die flußabwärts fahren, sogar die Namen der Gestorbenen auf den Grabkreuzen wissen wir auswendig, wenn wir erst das Lesen gelernt haben — nichts gibt es, was unseren aufmerksamen Kinderaugen entgeht, nicht die dicke Backe der Frau am Zeitungsstand, die gerade Zahnweh hat, oder der Holzfuß des Veteranen aus dem Ersten Weltkrieg, der damit Nüsse auftritt, wenn die Zeit der Nußernte da ist. Wir kennen jeden Nußbaum, der im Herbst seine Nüsse fallen läßt, wir wissen um jeden Kirschbaum, der vor den Blicken der Erwachsenen verborgen steht. Wir haben uns in der Weihnachtszeit auf unserem Schulweg an den Ständen den schönsten Christbaum ausgewählt, und wenn wir unseren Weihnachtswunschzettel in kindlicher Schrift hinkritzeln, setzen wir bei jedem Wunsch »Steht bei Obletter im Schaufenster« dazu.

Ich erinnere mich an die Spiele und Streiche, die wir jeden Tag wiederholten: mit kleinen Kieselsteinchen gegen die Bretterwand des Häuschens auf dem Dampfschiffsteg zu werfen, worauf jedesmal geradezu automatisch zu unserer hellen Freude der Kopf der Frau des Stegwartes im runden Fenster erschien, die uns im breiten Sächsisch drohte: »Es wird gleich roochen, ihr Sauigel!« Nichts anderes als immer nur diese sechs Worte, Tag für Tag, als ob ihr, so grimmig sie auch dreinschaute, es selbst Spaß machte. Ich erinnere mich

auch eines Kolonialwarenhändlers, wie man in meiner Jugend die Kaufleute mit Lebensmitteln nannte, vor dessen Ladentür große Jutesäcke mit Knackmandeln und Paranüssen auf der Straße standen und die er absichtlich so hoch gehäuft hatte, daß wir Kinder auf dem Schulweg mit unseren kurzen Mäntelchen darüber hinwegfegen konnten, so daß stets ein paar Nüsse herunterpurzelten, die unsere uns nachfolgenden Schulfreunde mit Fußtritten weit nach vorn und dann um die Ecke schossen, wo wir sie begeistert auflasen und knackten. Ich bin heute bei diesen Erinnerungen überzeugt, daß die Frau am Landungssteg und der Kolonialwarenhändler in der Bautzner Straße absichtlich dieses Spiel mitspielten und die Säcke bis zum Herunterfallenmüssen angehäuft waren und der Kaufmann von oben durchs Fenster unserem Spiel lächelnd zusah, das wir immer vollkommener betrieben, die Tradition von Winterszeit zu Winterszeit der nächsten Generation vererbend, wenn wir erst in der Schule das siebte Gebot detaillierter gelernt hatten.
Ein Schulweg mag beschwerlich sein, ein Schulweg mag lang sein, mit dummen Streichen alle zehn Schritte angefüllt, oft über Gebühr ausgedehnt und daheim vom Vater mit einer harten Kopfnuß belohnt, weil wir erst so spät aus der Schule heimkamen — aber laßt den Kindern ihren Schulweg! Fahrt sie nicht in die Schule, weder mit dem Volkswagen noch mit dem Mercedes, laßt sie zu Fuß gehen wie Generationen zuvor, der Schulweg ist das große Erlebnis der Kinder.

Wenn ihr in diesem Augenblick in euch hört, habt ihr auch nur einen einzigen Tag eures Schulweges vergessen, eine Brücke, ein Denkmal, einen Laden? Sind euch nicht die Namen eurer Schulkameraden vertrauter und sofort in der Erinnerung, näher als die Namen anderer Menschen, die ihr später kennenlerntet?
Herr Haberstock hat beschlossen, seinen Wagen im Stall zu lassen. Er tut so, als sei er gekränkt und nachtragend, weil seine Kinder an dem Morgen den Mercedes vorgezogen haben, und verordnet ihnen für die Zukunft den Schulweg per pedes apostolorum. In Wirklichkeit aber ist er froh darüber, erst durch diesen Zwischenfall und unser Gespräch zur Erkenntnis gekommen zu sein, daß man den Kindern nicht den Schulweg wegnehmen darf, und seine beiden Söhne, diese Wichtelmänner, werden — wenn auch vielleicht noch nicht heute — ihm eines Tages sehr dankbar dafür sein.

Bürokratie

Hugo Meinert wollte gern wissen, wie man Bürokratie schreibt – und da Hugo kein Lexikon hatte und auch keins kaufen wollte, beschloß er, in die Stadtbibliothek zu gehen, um im Lexikon nachzuschlagen.

Vor dem Tor der Bücherei musterte ihn der Portier mißtrauisch. Er fragte ihn, wohin er wolle.

»In die städtische Bücherei«, antwortete Hugo Meinert.

»Geradeaus. Mittelster Gang. Rechte Tür«, sagte der Portier.

Hinter der Tür stand schon wieder einer, der ihm zurief, daß man Schirme und Stöcke abgeben müsse. Hugo sagte, er wolle nur schnell etwas nachschlagen – er komme sofort zurück.

Der Mann hinter der Tür meinte, Vorschrift sei Vorschrift, riß ihm den Schirm aus der Hand und gab ihm eine Marke. Dann durfte Hugo Meinert weitergehen. Vor der mittelsten Tür stieß er wieder auf einen, der auch wissen wollte, wo er hin wolle und was er denn hier suche.

Hugo antwortete ihm, daß er etwas in einem Lexikon nachschlagen wolle. »Lesesaal, zweiter Stock, dritte Tür links.«

Hugo Meinert stieg hinauf in den zweiten Stock und ging auf die dritte Tür links zu. Der Mann am Eingang hielt ihn auf und verlangte seine Lesekarte. Hugo antwortete, daß er keine Lesekarte habe, worauf ihm der Mann an der Tür sagte, daß er ohne Lesekarte nicht hineindürfe. Lesekarten seien im dritten Stock, vierte Tür rechts zu haben. Hugo Meinert protestierte, daß er doch nur ein einziges Wort — und mußte wieder hören, Vorschrift sei Vorschrift. Hugo stieg auch in den dritten Stock. Dort mußte er zwanzig Minuten warten, bis er an der Reihe war. Man fragte ihn, was er wolle.

»Eine Lesekarte.«

»Für ein Jahr?«

»Nein, nur für einen Tag.«

»Für wann?«

»Für heute«, sagte Hugo resigniert. Das ginge nicht, sagte der Mann. Tageskarten seien nur vormittags zwischen zehn und zwölf Uhr zu haben. Hugo wurde langsam ungeduldig.

»Verzeihen Sie, wenn ich frage«, sagte er, schon etwas erregter, »aber warum ist dieses Zimmer dann jetzt am Nachmittag geöffnet?«

Darauf sagte man ihm, daß man nicht geöffnet habe, sondern nur offen sei. Man habe nur für Leute offen, die dringend eine Karte brauchen. Als Hugo bemerkte, daß er dringend eine Karte brauche, bekam er zur Antwort, daß er dann zuerst einen Dringlichkeitsantrag stellen müsse. Die Formulare dazu erhalte er im fünften Stock, zehnte Tür links. Dem Antrag seien Geburtsschein, Einwohnermeldeschein, letzte Steuerquittung sowie Strafregisterauszug beizufügen. Ferner müsse man angeben, warum und weswegen Dringlichkeit vorliege.

»Aber verehrter Herr!« schrie Hugo Meinert erbost, »ich will doch nicht hier Ehrenmitglied werden! Ich will nur im Lexikon nachschlagen.«

»Dazu brauchen Sie keine Lesekarte.«

»Aber der Beamte im Lesesaal sagte, daß ich ohne Lesekarte nicht in den Lesesaal darf!«

»Da hat er recht.«

»Aber —«

»Was wollen Sie denn im Lesesaal? Sie wollen doch nicht das Lexikon lesen, sondern nur im Lexikon nachsehen. Das können Sie auch ohne Lesekarte im etymologischen Kabinett, Erdgeschoß, Tür vierzehn.«

Hugo Meinert ging wütend die Treppen zum Erdgeschoß hinunter.

Am Zimmer vierzehn stand keiner vor der Tür. Hugo konnte also ungehindert eintreten. Er ging zum Schalter und sagte dem Beamten, daß er ein Lexikon haben möchte.

»Da müssen Sie erst einen Antragsschein unterschreiben.«

Hugo unterschrieb den Antragsschein. Der Beamte stempelte »genehmigt« darauf und sagte ihm, er solle zum nächsten Schalter gehen. Dort wiederholte Hugo seine Bitte um ein Lexikon.

Der Beamte schob Hugo einen Zettel hin und sagte, er solle seine Wünsche auf den Bücherzettel schreiben.

Hugo füllte den Bücherzettel aus. Er schrieb: Ein Lexikon. Hugo gab den Zettel ab und bekam dafür eine Nummer.

»Ihre Nummer wird aufgerufen. Warten Sie auf der Bank.«

Hugo Meinert hatte die Nummer 33.

Der Beamte rief gerade auf:

»Nummer 2 bis 9.«

Nach einer Stunde hörte Hugo Meinert:

»Nummer 27 bis 33!«

Hugo eilte zur Ausgabe und erwartete sein Buch. Aber er erhielt nur seinen Zettel zurück. Darauf stand: »Nähere Angaben?«

»Wieso?« fragte Hugo dumm.

»Sie müssen angeben, was für ein Lexikon Sie wünschen. Wir haben hier das große Konversationslexikon, das Synonymlexikon, das Glossarlexikon, das etymologische Lexikon, dazu noch zweihundert Spezialfachwörterbücher. Der nächste Herr bitte!«

»Das ist mir zuviel!« schrie Hugo wütend, »ich will doch nur ein gewöhnliches Wörterbuch, weil ich nachsehen will, wie man das Wort Bürokratie schreibt.«

»Dazu gehört ein orthographisches Wörterbuch.«

»Freilich!« meinte Hugo.

Er gab wieder einen Zettel ab. Und bekam diesmal die Nummer 41. Hugo Meinert mußte jetzt zwei volle Stunden warten. Endlich erhielt er sein Wörterbuch. Und Hugo begann die Suche nach dem Wort »Bürokratie«.

Bei Bunker fing er an und las über Bureau, Burg, Bürger, Bürgerkrieg weiter. Immer näher kam er. Bürgermeister, Bürgerrecht, Burleske, Bürste, Busch? Hugo Meinert las wieder zurück und nach vorn. Und wieder von vorn nach hinten. Das Wort Bürokratie fehlte. Hugo trug das Buch zurück. Da sei etwas nicht in Ordnung, meinte er, da fehle etwas. Wieso? fragte der Beamte. Das Wort Bürokratie stehe nicht darin, antwortete Hugo. So etwas gebe es nicht, sagte der Beamte und schaute Hugo mißtrauisch an und schlug selbst nach. Er las »Burg, Bürger, Bürgerrecht, Bürste, Busch«. Da fehle ja ein ganzes Blatt, entdeckte er. Der Beamte durchbohrte ihn mit den Augen und wollte wissen, seit wann er das Buch denn habe.
»Seit zehn Minuten.«
Ja, dann müsse er das Buch ersetzen. Man müsse Beschädigungen sofort bei Empfang melden, sonst sei der Leser voll haftbar. Widersprüche seien sinnlos, erklärte der Beamte, da Hugo den Antragsschein unterschrieben habe. Man könne doch schließlich nicht einfach zulassen, daß jeder Mensch Blätter aus Büchern herausreiße. Er solle sich vorstellen, daß er solch ein Buch erhalte und gerade die Seite fehle, die ihn interessiere. Dazu sagte Hugo gar nichts mehr. Hugo Meinert sah rot vor den Augen und explodierte. Als er wieder zu sich kam, saß er im Gefängnis. Vor ihm stand der Wärter und fragte, ob er nicht etwas wolle, Schreibmaterial oder Bücher. Da verlangte Hugo Meinert schnell ein Lexikon.

Als freier Mensch hatte er zwanzig Beamte fragen, viele Zettel unterschreiben, von Pontius zu Pilatus laufen, fünf Stunden warten müssen, ohne eins zu bekommen. Jetzt sei er kein freier Mensch mehr, jetzt sitze er im Loch, jetzt möchte er einmal wissen, wie lange er hier warten müsse.

Eine Minute später hielt Hugo Meinert das Lexikon in der Hand und las: »Bürokratie: Eine von Spöttern und Zynikern ungerechterweise erfundene Bezeichnung für einen in der Wirklichkeit unvorstellbaren, nicht vorhandenen Zustand komplizierter und autoritärer Amtshandlungen.«

Die letzten Ferien mit Christine

Warum meine jüngste Tochter Christine in der Schule das »Fünferl« genannt wird, werde ich wohl nie erfahren. An den Zensuren liegt es nicht. Auch nicht an ihrem Aussehen. Sie ist schlank gewachsen, eher einem Einser als einem Fünfer ähnlich. Wenigstens, soweit man das als Vater beurteilen kann. Aber Christine ist stolz auf diesen Namen. Ich mußte ihr zu ihrem vierzehnten Geburtstag beim Goldschmied eine silberne Fünf anfertigen lassen, sie trägt sie heute stolz auf ihren Blusen. Nächstes Jahr wird sie mit der Schule fertig.

»Ich möchte etwas Praktisches werden, Papa!«

»Etwas Praktisches? Laß hören!«

»Stewardeß oder Dolmetscherin oder Fernsehansagerin.«

Ich finde das zwar alles keine Berufe, bei denen man als Vater sorglos seinen Kopf auf das Ruhekissen sinken lassen kann, aber wenn das Kind aufregend leben will? Mir wäre es lieber, sie würde eine Hausfrau und einem braven Mann eine gute Suppe kochen. Aber mit den Männern hat es das Fünferl noch nicht. Trotz ihrer sechzehn Jahre. Obwohl sie in einem Internat lebt, wo auf acht Schülerinnen zweihundertfünfzig Schüler kommen. Vielleicht gerade deswegen. Jedenfalls habe ich als Vater bei ihr noch nichts von solchen ihren Jahren naheliegenden Interessen gespürt.

Manchmal macht man sich Sorgen darum, im Grunde aber freut man sich als Vater darüber königlich. Vater und Mutter spielen in ihrem jungen Leben noch die Hauptrolle. Nun, dachte ich glücklich, wir wollen Gott loben, daß es noch so ist, wie lange wird es noch währen, daß sie am liebsten mit uns zusammen ist, vielleicht sind dies die letzten Ferien, die sie mit uns verlebt, wir wollen sie recht verwöhnen. Ich besprach es mit meiner Frau.

»Wir werden mit Christine in den Ferien eine schöne Autoreise machen«, sagte ich, »wie denkst du darüber?«

Meine Frau dachte wie ich.

»Wohin wollen wir?« fragte sie.

»Eine Woche an den Lido, eine Woche nach San Remo, eine Woche nach Lugano —«

»Und dann eine Woche anschließend ins Armenhaus!« sagte meine Frau.

»Wir werden zelten!« beruhigte ich sie.

»Damit werden wir in diesen Orten herzlich willkommen sein.«

Mit meiner Frau kann man über diese Dinge nicht reden. Ich halte sie über meine gesunden Finanzen immer im ungewissen. Das sollten praktischerweise alle Ehemänner tun.

Die großen Ferien begannen. Meine Frau und ich holten Christine von der Schule ab. Wir waren — wie jedes Jahr — viele Stunden zu früh dort. Aber Eltern sind wie junge Liebesleute, die die Stunde des Rendezvous nicht abwarten können und ungeduldig auf und ab gehen. Endlich hörten wir das große Läuten, meine Frau zupfte sich noch einmal schnell das Haar zurecht, ich holte die Tüte mit den großen Pfirsichen hervor, denn ich habe immer Angst, daß mein Kind in der Schule verhungert oder verdurstet, da kam Christine auch schon die Treppe heruntergelaufen.

»Ich habe euch schon durchs Fenster gesehen!« rief sie, »Tag, Papa! Tag, Mama!«

Sie gab ihrer Mutter einen Kuß auf die Wange und mir einen Kuß auf die Stirn, Väter müssen immer zurückstehen.

»Sind deine Koffer gepackt?« fragte ich.

»Alles fertig, Papa!«

»Hast du dich von den Lehrern und Fräulein Christ schon verabschiedet?« fragte meine Frau, die immer viel besser weiß, was sich gehört.

»Von Fräulein Christ noch nicht —«

»Dann lauf! Aber beeil dich! Vater wartet nicht gern.«

Unterhalb des Schlosses, in dem das Internat untergebracht ist, befindet sich ein Gasthof. Dort geht es an diesem Tag hoch her. Der alte Martin, der Wirt vom »Hofwirt«, brät an diesem Tag Tauben und Hähnchen und junge Enten. Da hat jede Familie seit Jahren unter den Nußbäumen und alten Linden ihren Stammplatz. Hier wird das große Wiedersehen und der erste Ferientag gefeiert. Nach dem Internatsessen müssen die Kinder einen Mordshunger haben, denkt jeder Vater und auch der Wirt. Aber noch nie hat er an diesem

Tag ein Täubchen verkauft oder gar eine Ente, denn alle sind viel zu aufgeregt, alle hat das Reisefieber gepackt, man ißt höchstens warme Würstchen. Aber auch dafür hat der alte Martin gesorgt. Ich habe ihn im Verdacht, daß er überhaupt kein Huhn und keine Ente gebraten hat, sondern sie nur auf die Speisekarte setzt, um den Eltern das Warten angenehmer zu machen.

Als Christine bei uns saß und natürlich warme Würstchen aß, hielt ich den großen Augenblick für gekommen.

»Wohin möchtest du in den Ferien?« fragte ich geheimnisvoll.

»Daheim bleiben, Papa! Und viel baden gehen!«

»Du wirst jeden Tag baden können. Vormittags und nachmittags.«

»O fein, Papa! Am Autobahnsee?«

»Schöner.«

»Am Chiemsee?« fragte Christine.

Aber es klang schon nicht mehr so begeistert.

»Noch schöner, Christine!«

Da sagte meine Frau, die ihre Ungeduld nicht länger bezähmen konnte:

»Vater fährt mit uns nach San Remo!«

Wir erwarteten einen Jubelschrei. Und richtig — Christine fiel vor Überraschung das Würstchen aus der Hand.

»Papa!« rief sie. Aber es war keine Freude in ihrer Stimme.

»Papa!« — und da kamen auch schon die Tränen —, »ich hatte mich doch so sehr auf den Autobahnsee gefreut!«
»Aber San Remo! Das Meer! Die Palmen! Und das gute Essen!«
»Papa, bitte! Bleiben wir daheim. Laß mich bitte jeden Tag mit dem Rad zum Autobahnsee fahren!«
Ich sah meine Frau an. Sie sah mich an. Wir kamen uns sehr unverstanden vor. »Aber Papa will dir doch mit der Reise eine Freude machen, Kind«, sagte meine Frau, die mein seelisches Gleichgewicht schnell wiederherstellen wollte, »freust du dich nicht, das Meer zu sehen?«
»Nein«, sagte Christine traurig, »ich möchte viel lieber im Autobahnsee baden —«
In diesem Augenblick kam Hansgeorg vorüber. Er saß auf einem alten Fahrrad. Er ging mit Christine in die gleiche Klasse, und sein Vater war der Schularzt; keine mit Gütern gesegnete Familie. Als er bei uns vorüberfuhr, winkte er unserer Tochter zu und rief:
»Mach's gut, Fünferl! Und nächsten Freitag wie verabredet am Autobahnsee!«
Da verstanden wir alles.
Und als wir Christine ihm sehnsüchtig, in ihrer Verwirrung mit dem warmen Würstchen, nachwinken sahen, wußten wir, daß die letzten Ferien, wo wir das Kind noch allein besessen hatten, die vorigen Ferien gewesen waren, nicht diese . . .

Die Rose

Kitty und Johannes gingen essen.
Sie aßen in einem bürgerlichen Restaurant ein bürgerliches Menü.
Kitty hatte ihren schlechten Tag.
Das Menü war besser. Es bestand aus Suppe, Fisch, Braten und Käse.
Statt der Suppe wollte Kitty einmal telefonieren.
Der Kellner bedauerte, dazu nicht in der Lage zu sein.
Kitty sagte so etwas wie »Saftladen!« Johannes verstand es nicht so genau.
Die Suppe kam.
Es war eine Nudelsuppe.
Kitty sagte:
»Ach, Herr Ober, könnte ich statt der Nudeln lieber Reis haben? Fischen Sie bitte die Nudeln heraus und geben Sie mir dafür ein wenig Reis hinein. Geht das?«
Es ging. Kitty sieht noch immer reizend aus, das fand auch der Kellner. Darum ging es. Er fischte die Nudeln heraus und brachte Reis.
»Etwas Salz, bitte!«
Der Kellner brachte das Salz.
»Etwas Pfeffer, bitte!«
Der Kellner brachte den Pfeffer.
Dann brachte der Kellner den Fisch.
Es war gebackener Seefisch mit Kartoffelsalat.
»Ich hätte statt des Kartoffelsalates lieber grünen

Kopfsalat«, sagte Kitty und sah den Kellner freundlich an, »aber bitte nur Herzen!«
Der Kellner hatte ein Herz. Er tauschte nach Wunsch.
»Etwas Öl, bitte!«
Der Kellner brachte das Öl.
»Etwas Essig, bitte!«
Der Kellner brachte den Essig.
»Etwas Senf, bitte!«
Der Kellner brachte den Senf.
Es war ein süßer Senf. Kitty schickte ihn zurück.
»Bitte, scharfen Senf!«
Johannes saß geduldig daneben. Johannes hatte seine Suppe gelöffelt. Johannes hatte seinen Fisch verzehrt. Johannes war mit allem zufrieden. Kitty hingegen deutete auf ihren Teller.
»Ach, Herr Ober —«
»Gnädige Frau?«
»Sehen Sie nur — so viele Gräten!«
»Ein Fisch hat keine Knochen, gnädige Frau«, sagte der Kellner. Er hätte es nicht sagen sollen. Aber ein Kellner ist auch nur ein Mensch.
»Könnten Sie mir nicht ein anderes Stück geben?«
Der Kellner seufzte ergeben:
»So rasch mich meine Füße tragen —«
Der Braten war ein Schweinebraten.
Es war ein herrliches Stück. Das Beste vom Schwein. Vom Hals.
Kitty schrie entsetzt auf:
»So viel Fett!«

»Nun ja —«, sagte der Kellner.
Was hätte er auch sonst sagen sollen?
»Hätten Sie die Güte, den Geschäftsführer zu holen?«
»Er ist gerade zu Tisch«, sagte der Kellner.
»Ißt er auch Schweinebraten?«
»Wahrscheinlich.«
»Dann möchte ich auf der Stelle seinen Teller sehen. Es erweckt den Anschein, als ob ihm das Magere von meiner Portion dazugegeben wurde und mir sein Fett auf den Teller gelegt.«
Es kam nicht dazu. Der Kellner war diplomatisch. Er brachte ein neues Stück. Ganz mager. Vom Schinken. Kitty schaute kritisch. Sie stocherte mit der Gabel.
»Das scheint ja Schinken zu sein?«
»Es ist Schinken, gnädige Frau.«
»Schweineschinken ist kein Schweinebraten. Viel zu mager und trocken. Nehmen Sie den Teller wieder mit und versuchen Sie, in der Küche ein Stück zu bekommen, gut durchwachsen, aber nicht zu sehr durchwachsen, mit einer knusprigen Kruste, kein Fett, das schadet der Linie. Er soll auch nicht vom Anschnitt nehmen, sondern von innen herausschneiden, wo das Fleisch am saftigsten ist . . .«
Der Kellner sah Johannes stumm an.
Johannes nickte ihm leise zu. Da ging der Kellner.
Zum Abschluß gab es Käse. Es war ein Gervais garniert.
Kitty betrachtete die Garnierung: Zwiebeln, Paprika, Kümmel, Pfeffer, Sardellen, gehackte Gurke.

»Und wo sind die Kapern?«
»Gnädige Frau —«
Er wollte sagen, daß Kapern heute sündteuer sind und das Menü billig. Er kam nicht dazu. Kitty bestand auf ihren Kapern. Sie war recht wortgewandt. Der Kellner brachte die Kapern. Ein kleines Tellerchen voll. Er hatte sie aus der eigenen Tasche bezahlt.
»Ist es so recht, gnädige Frau?«
»Nein!« sagte Kitty.
»Was fehlt?«
»Kapern gehören gewiegt, fein gewiegt — bitte, lassen Sie sie wiegen!«
Der Kellner ging. Der Kellner kam.
Er brachte statt der Kapern eine Rose.
»Für mich?« fragte Kitty überrascht.
Der Kellner sagte freundlich:
»Diesmal nicht, gnädige Frau. Die Rose ist für den Herrn Gemahl. Ich habe soeben erfahren, daß er zehn Jahre mit Ihnen verheiratet ist. Ich bewundere ihn . . .«

Wir stritten uns auf das heftigste, Kitty und ich.
Die Fetzen flogen.
»Der Mann kommt mir nicht mehr ins Haus!« rief Kitty.
»Er ist unser Nachbar.«
»Und wenn er zehnmal unser Nachbar ist! Die Kirche muß im Dorf bleiben.«
»Auf diese Weise werden wir bald einsam sein, wenn du jedem die Gläser vorrechnest, die er trinkt.«
»Das sind schon keine Gläser mehr, das sind Flaschen!« rief Kitty empört. »Dein famoser Freund kommt, setzt sich hin und trinkt. Er setzt sich mit dem Gesicht zum Whiskyschrank, daß uns gar nichts anderes übrigbleibt, als ihm ein Glas anzubieten.«
»Das ist das Gesetz der Gastfreundschaft.«
»Nein! Das ist das Gesetz der Ausbeuterei! So eine Flasche Whisky kostet eine Menge Geld, und wenn man ihn allein mit der Flasche läßt, ist er bald voll, und die Flasche ist leer. Er trinkt ihn pur, er trinkt ihn schnell, dann hebt er die leere Flasche, wackelt mit ihr und fragt: ›Wie halten Sie es mit der Gastfreundschaft? Wird das Wort bei Ihnen groß geschrieben?‹ Nein, Johannes, so dick geht es uns auch nicht ein, dieser Mann kommt mir nicht mehr ins Haus.«
Ihr werdet schon erraten haben, es handelt sich um meinen Freund Martin. Martin hat schon viel für mich

getan, mir manchen guten Film vermittelt, manche gute Zeile über mich in den Gazetten geschrieben. Zugegeben, er trinkt gern. Aber er trinkt mit Charme. Man kann ihm nicht böse sein, auch dann nicht, wenn man ihn jedesmal schwankend aus dem Haus schieben muß. Jedesmal will er dann bei mir im Rausch einen Teppich kaufen.

»Ich handle nicht mit Teppichen, Martin.«

»Der ist aber so schön! Ich muß ihn haben!«

»Er gefällt mir selbst. Darum habe ich ihn mir ja gekauft.«

»Nenne mir einen Preis, er ist mir jedes Geld wert! Tausend Mark, fünftausend, zehntausend!«

Zum Schluß gelang es mir doch, ihn vom Teppich abzulenken und aus dem Haus zu befördern. Er hat es nicht weit. Er wohnt nur ein paar Häuser neben mir. Wir konnten Martin nicht ausbooten. Gewiß, der Whisky war teuer, aber seine Freundschaft war es mir auch. Da hatte Kitty eine geniale Idee.

»Weißt du was, Johannes? Wenn Martin wiederkommt, verstecken wir die Whiskyflasche tief im Schrank und sagen ihm, der Arzt hat dir das Trinken verboten, wir haben keinen Whisky mehr im Haus.«

»Aber der Arzt hat mir das Trinken doch gar nicht verboten?«

»Das ist eine Ausrede! Damit die volle Flasche uns erhalten bleibt.«

Ich wußte nicht, ob Kittys Rat gut war. Manchmal geht auch dumm aus, was sie sagt. Ich hatte ein recht ungutes Gefühl. Am Abend kam Martin. »Hallo, Freunde!« rief er. »Wie geht's, Johannes? Wie sieht die Welt aus, Kitty?«

»Nicht sehr erfreulich«, sagte Kitty, »Johannes hat es mit dem Herzen, und der Arzt hat ihm jeden Tropfen Alkohol streng verboten.«

»Im Ernst, Johannes?«

»So ist es«, sagte ich düster.

»Zu dumm!« sagte Martin und stampfte vor Zorn mit dem Fuß auf. »Jetzt habe ich bei euch schon so viel Whisky getrunken, daß es mir hinterher jedesmal peinlich war. Darum habe ich euch heute als Gastgeschenk eine Batterie Whisky mitgebracht. Acht Flaschen vom Besten. Aber wenn Johannes ihn nicht trinken darf —«

Ich sah Kitty an, die sich unter meinen Blicken wie ein Wurm krümmte.

»Man könnte sie ja für später aufheben«, sagte sie kleinlaut.

»Ich will Johannes nicht in Versuchung führen. Ein guter Whisky im Haus ist eine verdammte Versuchung.«

Er öffnete seinen Handkoffer, zeigte uns die Reihe der mitgebrachten Flaschen, packte sie wieder ein und zog seiner Wege. Seitdem habe ich ihm schon ein paarmal erklärt, daß ich wieder Whisky trinken dürfe, aber er hört auf dem Ohr schlecht. Wenn er jetzt zu uns kommt, trinkt er wieder meinen Whisky.

So strafen die Götter die Geizigen.

Wie angenehm ist ein alter Gasthof, wo uns noch der Wirt in das Zimmer führt! Verschont mich mit den großen Hotels, Stockwerk über Stockwerk. Es gibt Fahrstühle, zwei, drei nebeneinander, die in ununterbrochener Folge die Gäste aller Herren Ländern hinauf- und hinunterbefördern. Aber wie finde ich Mittelständler mich mit dem modernen Komfort zurecht? Würde es mir nicht genauso ergehen wie der Familie Groll aus Geisenheim, die die Familie Bandlinger im Hotel besuchte?

Bandlingers bewohnten im achtzehnten Stock des Grandhotels ein Zimmer.

»Wo nur Grolls bleiben?« brummte Bandlinger. »Sie wollten uns Punkt acht abholen, und jetzt ist es bereits halb neun.«

Frau Bandlinger stand in Hut und Mantel.

»Am besten, wir fahren hinunter.«

»Ja. Warten wir in der Halle.«

Sie bestiegen den Fahrstuhl und fuhren hinunter.

Unterdessen waren Grolls ins Hotel gekommen.

Sie fragten den Portier:

»Die Familie Bandlinger?«

»18. Sock. Zimmer 20. Die Herrschaften können hinauffahren.«

»Wollen wir?«

»Ja«, sagte Frau Groll, »man sieht, wie sie wohnen.«

Sie fuhren hinauf, zur gleichen Minute, als Bandlingers hinunterfuhren. Oben erfuhren sie, daß Bandlingers unten waren, und Bandlingers erfuhren unten, daß Grolls oben waren. Da sie sich treffen wollten, fuhren Bandlingers wieder hinauf und Grolls fuhren wieder hinunter.

»So geht das nicht weiter«, sagte Herr Groll, als er oben von der Abfahrt der Bandlingers nach unten erfuhr, »wir werden jetzt oben warten, bis Bandlingers wieder heraufkommen.«

Just hatten unten Bandlingers denselben Gedanken. »Warten wir unten ab, bis Grolls herunterkommen.«

Nun standen also Bandlingers unten vor dem Fahrstuhl, und wenn der Liftpage sie zum Einsteigen aufforderte, sagten sie: »Nein. Danke. Wir warten hier.«

Und oben standen Grolls und winkten ebenfalls dem Fahrstuhlführer ab. Und als beide Familien oben und unten lange genug gewartet hatten und die beiden Ehemänner immer wieder auf die Uhr blickten, entschlossen sich Bandlingers, wieder hinaufzufahren und Grolls oben abzuholen. Sie machten die Rechnung ohne Grolls. Denn diese hatten denselben Einfall und fuhren die achtzehn Stock in der gleichen Minute hinunter.

Wozu ist dem Menschen der Verstand gegeben?

Herr Groll gebrauchte ihn als erster.

»Irene«, sagte Herr Groll zu seiner Frau, »du bleibst jetzt hier, und ich fahre allein hinauf. So können wir uns nicht mehr verfehlen.«

Anscheinend lag der Entschluß in der Luft.
Denn im 18. Stock erklärte Herr Bandlinger seiner Frau: »Ich fahre jetzt allein hinunter, und wenn Grolls inzwischen heraufkommen, kommst du mit ihnen hinunter.«
So klar, so einfach. Kaum war er abgefahren, kam Herr Groll oben an. Er bestieg sofort mit Frau Bandlinger den Fahrstuhl und fuhr mit ihr hinunter. Leider erklärte im gleichen Augenblick unten Frau Groll Herrn Bandlinger: »Mein Mann wartet mit Ihrer Frau oben — holen wir sie ab.«
Diesmal war es Herr Bandlinger, der beschloß:
»Jetzt warte ich hier oben. Sie fahren hinunter und holen Ihren Mann und meine Frau herauf.«
Frau Groll fuhr ab. Sie kam nicht wieder. Dafür trat jetzt oben Herr Groll aus dem Fahrstuhl, der unten mit Frau Bandlinger vereinbart hatte, daß er ihren Mann und seine Frau oben abholen wollte. Jetzt standen oben die zwei Männer und unten die beiden Damen, wie es oft so geht im Leben.
Da Männer meist schnell von Entschluß sind, fuhren sie zusammen hinunter. Die beiden Frauen aber, sich gegenseitig in ihrer Unentschlossenheit unterstützend, beschlossen, hinauf zu ihren Männern zu fahren. Es geschah. Herr Bandlinger und Herr Groll standen jetzt schimpfend in der leeren Halle.
»Die letzte Möglichkeit ist die«, erklärte Herr Bandlinger, »Sie warten hier unten, und ich hole die beiden Damen herunter. Ich beschwöre Sie aber, bei allem,

was Ihnen heilig ist, hier unten zu warten und, kann kommen, was will, nicht wieder hinaufzufahren! Ihr Wort darauf!«

Herr Groll versprach es, und Herr Bandlinger fuhr hinauf.

Oben fand er nur noch seine eigene Frau vor.

»Komm schnell, Irene!« Irene schüttelte den Kopf.

»Ich kann nicht. Ich habe Frau Groll mein Wort gegeben, komme, was da wolle, nie mehr hinunterzufahren und hier oben eisern zu warten.«

»Das gleiche habe ich unten Herrn Groll geschworen. Wir müssen hinunter!«

»Wir müssen hinauf!« drängte unten Frau Groll.

Aber ihr Mann, eingedenk seines Wortes, war nicht von der Stelle zu bringen. Nun mag es kommen, wie es will: entweder wird das Ehrenwort gehalten, dann sehen sich die Familien heute nie mehr. Wird es aber nicht gehalten, so fahren die beiden Familien wieder aneinander vorbei. Und da dies Grolls unten einsahen, stülpte sich Herr Groll den Hut auf den Kopf und rief:

»Es hat keinen Zweck! Gehen wir heim!«

Sie verließen das verrückte Hotel zur gleichen Minute, als oben Bandlingers sich wütend vom Lift in ihr Zimmer begaben und die Hoffnung auf einen gemeinsamen Abend begruben. Darum, Freunde, sagt mir nichts gegen die Treppen im Leben! Dort sieht jeder, der heraufkommt, den, der herunterkommt. Und das hilft oft weiter.

Just an dem Tag, da die Osterferien begannen, saß ich in meinem Zug, und mir gegenüber hatte ein Junge von ungefähr fünfzehn Jahren Platz genommen. Er steckte in einem sauberen, etwas eng sitzenden Anzug, hatte seinen Reisemantel im Gepäcknetz verstaut, aus seinem funkelnagelneuen Koffer nahm er ein Buch heraus, und ich erkannte am Inhalt des Koffers, darunter Caesars Bellum Gallicum, daß er ein Schüler humanistischer Prägung sein mußte, der offenbar aus einem Internat in die wohlverdienten Ferien fuhr. Er war ein wenig aufgeregt und zog immer wieder drei Dinge aus seiner Brusttasche: einen neuen Paß, das Fahrscheinheft und einen Brief, den er aufmerksam las.

»Ich fahre über Ostern zu meinen Eltern an den Gardasee«, sagte er, als wir ins Gespräch kamen, »hier, wenn Sie lesen wollen —«

Er reichte mir den Brief seines Vaters.

Ich las:

»Mein lieber Junge! Du fährst am besten gleich von der Schule direkt nach Sirmione, wir erwarten Dich dort im Hotel Catull. Wir haben beschlossen, Ostern mit Dir am Gardasee zu verbringen, damit Mutter nicht so viel Arbeit mit den Ostervorbereitungen hat . . .«

Ich dachte an meine Osterferien, als ich noch fünfzehn

Jahre alt war und von der Schule zu Ostern nach Hause fuhr. Ich dachte an meine Mutter, wie sie sich jedes Jahr auf diesen Tag freute, wie sie in der glücklichen Erwartung, ihren Jungen wieder einmal daheim zu haben, schon eine gute Woche vorher mit den Ostervorbereitungen begann. Da wurde das ganze Haus von oben bis unten umgekehrt, Teppiche geklopft, Fenster geputzt, Gardinen gewaschen und gestärkt. Mutter stand vom frühen Morgen bis tief in den Abend in ihrer breiten Wirtschaftsschürze, kam nie dazu, sich einmal niederzusetzen und wurde jedes Jahr zu Ostern ein paar Pfund dünner. Denn dieses österliche Großreinemachen war ja nicht alles, was Mutter tat. In diesen Tagen vor Ostern, da der Winter aus dem Haus wich, kamen noch die eigentlichen Vorbereitungen für das Fest hinzu. Da wurden Ostereier gekocht, gefärbt und bemalt, Osterhasen aus Marzipan gebacken, die Verstecke im Garten ausgesucht und vorsorglich mit Moos und Heu ausgebettet, es gab langwierige Besprechungen mit dem Bäcker, an welchem Tag und zu welcher Stunde sie den Teig für den Osterkuchen zu ihm bringen durfte, stets gab es noch ein ganzes Kuchenblech mit lustigen Osterbäckereien dazu, darunter flache große Osterhasen, mit Eigelb bestrichen, die vorn ein blaues oder rotes Osterei hielten ... vom Bäcker ging es zum Gärtner, Schnittlauch wurde gekauft und das erste Grün und junge Radieschen, die mit gekochten Eiern unter dem Wiegemesser geschnitten und gemischt die köstlichen Früh-

lingsschnitten ergaben. Am nächsten Tage wurde ein Osterlamm, zart und jung, heimgetragen, abgezogen, zerteilt und paniert, und ein saftiger Osterschinken wurde sorgfältig ausgewählt und in Brotteig gebakken ... ich entsinne mich all dieser Dinge noch heute ganz genau, sie sind unverwischbare Kindheitserinnerungen, denn Ostern war bei uns ein herrliches Fest, und was das Schönste an meinen Osterferien jedes Jahr war: ich durfte mir einen Schulkameraden als Gast einladen, und er wurde verwöhnt und gefeiert wie jeder erwachsene Gast unseres Hauses. Für ihn hatte Mutter das Gästezimmer vorbereitet, Blumen auf seinen Nachtkasten gestellt, selbst eine Uhr mit genauer Zeit stand aufgezogen unter der Leselampe, daneben ein paar Äpfel und eine kleine Schale mit Süßigkeiten ... Mutter hatte auch dazu Zeit gefunden, und wenn sie dann am Karsamstag, während die Auferstehungsglocken läuteten, ihre Hände endlich in den Schoß legen konnte und Vater sie fragte: »Na, Mutter, war es dieses Jahr nicht ein wenig zuviel für dich? Du mußt ja todmüde sein?«, sagte sie stets mit ihrem leisen, gütigen Lächeln, das nur Mutter hatte und ich bei keiner Frau in meinem Leben wiedersah: »Ich bin kein bißchen müde, Vater. Die Vorbereitungen zu Ostern sind doch das Schönste am Fest. Ich hätte den ganzen Tag dabei singen mögen ...«
Der Zufall wollte es, daß ich am Karsamstag ebenfalls auf der Halbinsel Sirmione im Speisesaal des Hotels Catull saß und mein junger Reisebegleiter am Ne-

bentisch mit seinen Eltern Platz genommen hatte. Die erste Ferienfröhlichkeit des Jungen, der so viel aus der Schule und vom Skikurs zu erzählen hatte, wurde vom Vater unterbrochen:

»Sprich nicht so viel, Michael — nimm Rücksicht auf Mama! — Sie ist von der Reise abgespannt, außerdem ist sie durch die Ostervorbereitungen bei der Schneiderin, bei der Modistin und beim Friseur völlig mit den Nerven herunter . . .«

Zu den sieben Weltplagen gehören die eigenen Töchter. Man ist immer ihr Sklave.
»Papa! O mein Papa!«
Ich fuhr erschrocken von meiner Arbeit hoch.
Meine Siebzehnjährige stand vor mir.
»Ich habe eine Bitte an dich, Papa«, sagte sie und setzte sich bei mir auf die Armlehne.
Wenn ich etwas hasse, so ist es dies. Die Armlehne meines Stuhles ist nicht dafür gebaut. Der Stuhl ist antik.
»Steh bitte auf!« sagte ich, »was willst du?«
»Nächste Woche haben wir in der Schule unseren Abschlußball.«
»So? Ich dachte Lateinarbeit.«
»Die natürlich auch. Aber der Abschlußball ist doch wichtig.«
»Sehr wichtig!« bemerkte ich.
»Dazu brauche ich ein Kleid, Papa.«
»Und sicher Strümpfe, Schuhe und sonst noch was?« fragte ich hart.
»Erraten, Papa!«
»Das ist nicht schwer bei euch Töchtern«, sagte ich und stand auf, »aber ich erziehe meine Kinder nicht zu Modepuppen, du hast Kleider genug im Schrank —«
»Mama sagt auch —«
»Was deine liebe Mama sagt, mein liebes gutes Kind«,

antwortete ich verärgert, »das ist mir in diesem Falle gottliebschulze. Wenn ihr jungen Mädels schon tanzen müßt, so begnügt euch mit dem, was euch Gott geschenkt hat: ihr seid jung, ihr seid hübsch, siebzehn, achtzehn Jahre, das schönste Alter!«
»Eben, Papa! Jetzt stehen mir doch schöne Kleider am besten. Wenn ich kein schönes Kleid habe, dann brauche ich gar nicht auf den Ball zu gehen.«
Jetzt weinte sie.
Der Himmel schütze uns vor den Tränen unserer Töchter.
Ehe ihre Tränen versiegten, hatte ich alles bewilligt. Ein weißes Spitzenkleid für den Ball, Abendschuhe, und sie zum Friseur vorher zu fahren hatte sie mich auch noch herumgekriegt. Aber es muß wohl in allen Familien der jungen Mädchen dieses Internates an diesem denkwürdigen Tag so zugegangen sein, denn als ich am Abend des Balls meine Tochter vom Friseur wieder abholte, sie zur Schule fuhr und in den großen Saal hinaufführte, wo der Abschlußball stattfand, fand ich mich lauter Prinzessinnen gegenüber, Modedamen, in festlichen Hosenanzügen, langen Abendkleidern, wie aus dem Journal geschnitten, aber es waren doch die Schulfreundinnen meiner Tochter, die ich seit Jahren kannte, Siebzehnjährige, Achtzehnjährige, die man während der Ferien noch ermahnen mußte, sich die Schuhe zu putzen und sich mehr zu pflegen. Jetzt standen sie wie Königinnen herum, in neuen Kleidern, neuen Schuhen, in Strümpfen mit Schatten und Tail-

len, die Haare kunstvoll geschichtet, gelockt und getönt und gelackt, kichernd und ein wenig ungeschickt, wagten sich nicht zu bewegen, aus Angst, das ungewohnte Kleid könnte platzen, sie fühlten sich fremd in ihren neuen Kleidern und trauten sich nicht einmal über das Haar zu fahren, um ja nicht die Kunst des Friseurs zu zerstören. Ich hörte gerade, wie Bärbel zu ihrer Freundin Dagmar sagte:
»Als ich das Kleid nicht bekommen sollte, was ich heute anhabe, habe ich Papa gesagt, dann gehe ich überhaupt nicht auf den Ball!«
Und Dagmar, die Achtzehnjährige, nickte ernsthaft: »So muß man es machen. Ich hatte zu Hause mit meinem Brokathosenanzug auch erst so ein Theater.«
Ja, da standen sie nun, die Schönen, Jungen, erwartungsvoll und bewunderten sich gegenseitig. Nur eine war unter ihnen, ein nettes Ding, die hatte einen einfachen langen, schwarzen Rock an, eine weiße Chiffonbluse darüber und das Haar lang und schlicht zurückgebürstet und mit einem Band zusammengebunden. Sie sah in ihrer Einfachheit prächtig aus. Die Mädchen beachteten sie nicht. Was gab es an ihr groß zu sehen? Den Rock und die Bluse kannten sie an ihr. Daß ihre großen dunklen Augen erwartungsvoll und glücklich leuchteten, erschien ihnen nicht bemerkenswert. Da waren ihre neuen Kleider viel schöner.
»Wer ist das junge Mädchen?« fragte ich meine Tochter.
Christine sagte ein wenig geniert:

»Die geht bei uns in die Klasse. Sie hat ein Stipendium.«

»Eine nette Kameradin?«

»Ja. Das schon. Aber ihr Vater ist sehr arm.«

Ich blickte lange auf das junge Mädchen, das so verloren zwischen den superschick angezogenen Ballschönheiten stand. Ich hatte Angst, daß es in seinem schwarzen Rock und seiner weißen Bluse heute abend hier das Aschenputtel spielen würde. Da entsann ich mich in letzter Minute, daß ich ja auch einen Sohn hier im Internat habe. Dort drüben stand er. Mitten unter den anderen Abiturienten. Ich winkte ihn heimlich mit den Augen zur Seite. Er kam herüber und blickte mich, seinen Vater, fragend an.

»Tue mir den Gefallen, Alfred«, sagte ich zu ihm, »siehst du dort drüben das junge Mädchen mit dem langen schwarzen Rock und der weißen Bluse?«

»Die Andrea?«

»Ich weiß nicht, wie sie heißt«, sagte ich, »aber wenn der Tanz beginnt, ich würde mich sehr freuen, wenn du sie gleich beim ersten Tanz auffordern würdest.«

»Unmöglich, Vater!« sagte mein Junge und so ernsthaft, als hätte ich ihm etwas Ehrenrühriges zugemutet, »ich könnte mich dann vor meinen Kameraden nicht mehr sehen lassen.«

»Weil du sie zum ersten Tanz aufforderst?«

»Verlang es nicht von mir, Vater. Die anderen wären böse auf mich.«

Ich verstand die Welt nicht mehr.

»Nur weil das Mädel nicht so aufgeputzt ist wie die anderen alle?« fragte ich empört.
Der Junge antwortete:
»Das ist doch die Andrea, Vater — verstehst du, die Andrea! Um die reißen wir uns doch alle, mit der will doch jeder tanzen, eben weil sie nicht so affig angezogen ist, und die Haare so herausgeputzt — weil wir alle mit ihr tanzen wollen, haben wir uns vorhin geeinigt, daß ich sie erst als vierter zum Tanz holen darf.«
Da verstand ich die Welt wieder und gab meinem Jungen versteckt einen vergnügten Stoß zwischen die Rippen. In dieser Minute kam der Tanzlehrer, und die Musik setzte ein.

Begegnung auf der Autobahn

Wir waren heute besonders guter Laune. Wir waren bei unseren Kindern in München gewesen und hatten für die Enkel Ostereier versteckt, es war ein recht gemütliches Familienfest nach unserem Sinn gewesen. Am Ostersonntag fuhren wir wieder nach Hause. Die Straßen waren relativ leer, der große Osterverkehr würde rückflutend erst wieder am Ostermontag einsetzen.

Kurz vor der Autobahneinfahrt stand ein junger Mann und hob den Daumen. Entgegen unserer Gewohnheit hielten wir an und nahmen ihn mit. Es ist Ostersonntag, dachten wir uns, vielleicht will er seine Verwandten besuchen, vielleicht seine Mutter. Er trug auch ein rundes Päckchen unter dem Arm — soll er sein Osterei loswerden.

Wir kamen bald ins Gespräch. Er war in seiner Art überaus angenehm, bescheiden, zurückhaltend, und wir gewannen ihn nach kurzer Fahrt gern, so daß wir ihn einluden, wenn ihn einmal der Weg vorbeiführe, uns in unserem Haus auf dem Berg zu besuchen.

Beim Kilometerstein 30 hatten wir eine Karambolage. Ein Wagen kam aus der Zufahrt zu schnell heraus, wir selbst hatten ihn nicht bemerkt und hielten die äußerste rechte Fahrbahn ein. Gott sei Dank bremsten beide, aber ein Zusammenstoß ließ sich nicht vermeiden. Wir stiegen aus und besahen uns den Schaden.

Es war nicht allzuviel geschehen, ein wenig Blechschaden — wir einigten uns schnell und beschlossen, unsere Fahrt fortzusetzen.
Der junge Mann, unser Fahrgast, erwies sich als überaus hilfsbereit, er beseitigte die Glassplitter von der Fahrbahn, bog die beschädigte Stoßstange wieder zurecht und band sie mit einem Strick an den Kühler. Wir Fahrer tauschten inzwischen unsere Adressen und wünschten uns gegenseitig eine gute Fahrt und frohe Feiertage. Plötzlich hielt die Polizei neben uns.
»Was ist hier geschehen?«
»Nichts weiter«, sagte meine Frau, die bereits wieder in den Wagen eingestiegen war.
Die Beamten gaben keine Antwort und gingen mißtrauisch um unsere Wagen herum.
»Und was ist das?« fragte der zweite Beamte und hob einen Glassplitter auf, der auf der Fahrbahn lag.
»Eine kleine Karambolage, meine Herren«, sagte ich, »es ist nicht viel passiert, und wir haben uns bereits geeinigt.«
»Ihre private Einigung interessiert die Polizei nicht«, sagte der ältere von ihnen und zog sein Notizbuch heraus, »es muß auf jeden Fall die Schuldfrage geklärt werden.«
Sie begannen sofort mit ihren Kreidestrichen und Ausmessen der Bremsspuren. Während der jüngere Beamte die Werte ansagte, schrieb der ältere die Seiten seines Notizbuches voll, notierte die Autonummern, verlangte unsere Namen, ließ sich die Wagenpapiere

und den Führerschein zeigen und waltete so seines Amtes.
»Aber es ist doch Ostersonntag, Herr Wachtmeister«, sagte der junge Mann, den wir mitgenommen hatten. »Legen Sie doch der Sache kein solches Gewicht bei, nachdem sich die Herren bereits geeinigt haben.«
»Mischen Sie sich nicht in dienstliche Angelegenheiten!« verwies ihn der Beamte. »Wir sind im Dienst und tun nur unsere Pflicht. Um eine Verwarnung, wenn nicht gar um ein Strafverfahren werden die Herren nicht herumkommen. Und jetzt machen Sie die Straße frei!«
Da wir sahen, daß die Beamten nicht nachgeben würden, stiegen wir ein. Unser Fahrgast aber ging noch einmal auf die Beamten zu und versuchte, die Sache in Güte beizulegen. Er tupfte den Beamten auf die Schulter und sagte:
»Seien Sie doch großzügig, meine Herren! Sie haben nur unnötige Schreibereien, und den beiden Herren ist damit auch nicht gedient. Schließlich ist es ja nur ein kleiner Blechschaden.« Noch einmal legte er dem Beamten, der sein Notizbuch in die Tasche geschoben hatte, freundschaftlich die Hand auf die Schulter und versuchte den Allzueifrigen zu beschwichtigen.
Er kam an die falsche Adresse.
Der Beamte stieß ihn heftig zurück.
»Lassen Sie die Finger von mir! Rühren Sie mich nicht an!« schrie er. »Machen Sie, daß Sie weiterkommen, und hindern Sie uns nicht, unsere Pflicht zu tun!«

Was blieb dem netten jungen Mann anderes übrig, als mit einem bedauernden Achselzucken zu uns einzusteigen? Wir setzten unsere Fahrt fort. Unsere gute Laune war dahin.

Als wir von der Autobahn abbogen und den jungen Mann, der noch weiterwollte, absetzten, bedankte er sich herzlich, ihn bis hierher mitgenommen zu haben. »Ich werde diese schöne Fahrt nie vergessen!« sagte er. »Ich war lange Zeit nicht unterwegs. Ich bin erst gestern aus der Strafanstalt entlassen worden. Nichts Schlimmes, Taschendiebstähle. Darf ich Ihnen als Zeichen meines Dankes, daß Sie mich mitgenommen haben, auch ein kleines Osterei überreichen, das Ihnen Freude machen möge?«

Er griff in die Tasche und zog einen Gegenstand hervor.

»Hier – das Notizbuch des Beamten«, sagte er, »ich habe es ihm beim Zureden aus der Tasche gezogen . . .«

Emma kramte unruhig in ihrer Handtasche. Eine abgesessene Kinokarte fiel heraus, ein abgefahrener Fahrschein, ein ungespitzter Bleistift, eine abgestempelte Briefmarke, eine längst überholte Wiegekarte und ein Lippenstift ohne Stift, ja selbst die Puderdose ohne Puder, aber das, was Emma suchte, fand Emma nicht.

Nanu? dachte sie, nanu?

Und schon hob sie ihre Stimme in schrille Höhen und rief:

»Erich! Erich!«

Der Ehemann stand in der Tür.

»Was ist dein Begehr?«

»Red nicht so geschwollen! Gesteh lieber!«

»Welches Geständnis erwartest du?«

»Wo sind meine zwanzig Mark?«

»Aus deiner Tasche?«

»Aus meiner Tasche! Jawohl!«

»Hier. Ich habe sie.«

Emma stand starr.

»Was? Du hast das Geld mit eigenen Händen aus meiner Tasche genommen?«

»Wenn du glaubst, es wäre weniger umständlich gewesen, es mit einer Pinzette —«

»Schweig!«

Erich schwieg. Emma weniger.

»Wie kommst du dazu?«
»Wozu?«
»Mir meine zwanzig Mark aus der Tasche zu nehmen!«
»Ich dachte, du merkst es nicht. Wieso übrigens dein Geld? Das ist mein Geld. Das habe ich dir doch erst gegeben!«
»Jawohl. Als Wirtschaftsgeld.«
Erich versuchte, den Einwand mit einer Handbewegung abzutun.
»Wenn ich kein Geld habe und Geld brauche, muß eben das Wirtschaftsgeld herhalten! Schließlich ist es ja mein von mir sauer genug verdientes Geld! Und ich brauche es eben heute.«
»Wozu denn?«
Erich erwiderte ein wenig kleinlaut:
»Zum Rennen.«
»Wozu??«
»Zum Rennen. Ich habe einen todsicheren Tip bekommen. Nicht zu schlagen. Ein toller Außenseiter! Zahlt vierzigfaches Geld!«
»Wer hat dir den Bären aufgebunden?«
»Das ist kein Bär, Emma, das ist ein Pferd mit dem schönen Namen Hannibal! Hannibal ante portas! Ich weiß nicht, ob du das verstehst, aber so viel wirst du wenigstens verstehen, daß es eine Riesendummheit wäre, das sichere Geld nicht mitzunehmen.«
Emma warf ihre Fäuste in die Hüften, daß es nur so krachte.

»Gegen deinen Schädel ist kein Kraut gewachsen! Seit Jahren verlierst du Kopf und Kragen!«
Erich lächelte geduldig.
»Wer ernten will, muß auch säen.«
Da klopfte es. Es war der Nachbar.
»Störe ich?« fragte er.
»Keineswegs, Herr Busse! Herein, Herr Busse!«
Busse guckte bedächtig. Er roch die dicke Luft.
»Gibt es Händel?« fragte er.
»Ehefrieden wie immer«, sagte Erich schnell, »aber vielleicht erklären Sie meiner Frau —«
»Gern. Was?«
»Heute ist Pferderennen. Ich habe nun von meinem Friseur, dem besten Freund des Bruders des Schwagers eines Jockeis, einen todsicheren Tip für heute bekommen. Einen Stalltip, ganz geheim. Zahlt vierzigfaches Geld. Nun habe ich mir vom Wirtschaftsgeld, was ich ja selber verdient und selber erst meiner Frau gegeben habe, zwanzig Mark weggenommen oder richtiger gesagt zurückgenommen, um damit zum Rennen zu gehen.«
»Richtig! Sie sollen ja ein passionierter Wetter sein«, fiel Busse ins Wort, »Ihre liebe Frau hat es mir schon erzählt.«
»Hat sie das? Das freut mich. Das freut mich wirklich. Jetzt tut es mir geradezu leid, daß ich heute mit den zwanzig Mark gewinnen muß. Denn Hannibal gewinnt, Hannibal steht heute vor den Toren, da können Sie Gift darauf nehmen, Herr Busse.«

»Wenn dem so ist, müßte man sich ja anhängen«, meinte bedächtig Herr Busse.

»Das sollen Sie auch! Holen Sie Ihren Hut! Kommen Sie mit!«

Busse schüttelte den Kopf.

»Das hat keinen realen Zweck. Zwei müssen nicht hinaus. Einer genügt. Schon wegen des Entrees. Wenn es Ihnen recht ist, fahre ich alleine hinaus und setze für Sie. Sehen Sie das ein?«

Erich sah das ein.

»Zusehen macht mir sowieso keinen Spaß. Mir kommt es nur auf den sicheren Gewinn an. Hier sind meine zwanzig Mark, und vergessen Sie nicht: drittes Rennen, Hannibal, Sieg.«

»Ich notiere.«

»Drittes Rennen. Hannibal. Sieg. Nicht vergessen!«

»Keine Sorge.«

»Hals- und Beinbruch!«

Damit verließ Erich das Zimmer. Ging ins Büro.

Er hatte ja auch noch einen Beruf.

Emma weinte noch immer. Busse trat zu ihr.

»Loben Sie mich?«

»Loben?«

»Habe ich das nicht fein eingefädelt?«

»Wieso?«

»Verstehen Sie denn nicht?«

»Nein.«

»Ich tat doch nur, als ob ich wette! Ich wette aber nicht.«

Emma zog das Weinen hoch.
»Aber das Geld von meinem Mann setzen Sie?«
»Nein. Das eben nicht, Frau Emma. Ich gehe überhaupt nicht zum Rennen. Und am Abend bringe ich Ihrem Mann seine zwanzig Mark zurück, und wir erzählen ihm alles. Da wird er heilfroh sein, sein Geld wiederzubekommen. Sie haben mir doch schon so oft Ihr Leid geklagt und so oft bei mir geweint, daß ich mir diesen kleinen Trick ausdachte, als ich von drüben plötzlich Ihre hellen Stimmen durch die Wand hörte.«
Emma stand gerührt.
»Das ist aber wirklich schön von Ihnen, mein guter Herr Busse! Das werde ich Ihnen nie vergessen, mein bester Herr Busse! Wie soll ich Ihnen nur danken, Herr Busse?«
»Die gute Tat birgt den Lohn in sich, liebe Frau Emma.«
Emma drückte seine Hand.
Beinahe hätte sie ihn geküßt.
»Und Sie versprechen mir ganz, ganz fest, die zwanzig Mark nicht zu setzen? Ehrenwort?«
»Mein Ehrenwort.«
Sechs Stunden waren vergangen.
Erich lief aufgeregt im Zimmer auf und ab.
»Hoffentlich kommt Hannibal! Hoffentlich kommt Hannibal!« stieß er immer wieder aus, »zehn Mark hätten auch genügt — zehn Mark hätten auch genügt — oh, ich Leichtfuß!«

Da klopfte es.
Es war Busse, der eintrat.
Erich stürzte auf ihn zu.
»Na? Und? Und? Sprechen Sie doch! Hannibal? Gewann er?«
»Nein. Leider nicht.«
Erich fiel aus allen Wolken.
»Was? Wieder nicht? So ein verdammtes Pech! Jetzt sind meine guten zwanzig Mark futsch! Man soll sich nicht auf die verfluchten todsicheren Stalltips verlassen! Alles Schwindel! Aber ich Riesenrindvieh fliege immer wieder darauf hinein! Doch das schwöre ich: nie wieder, nie wieder in meinem ganzen Leben setze ich auch nur eine Mark! Mein schönes, gutes, teures Geld!«
Da rückte Busse mit seiner Überraschung heraus:
»Kränken Sie sich nicht, Herr Gautsch!«
»Doch. Ich kränke mich.«
»Ihre zwanzig Mark bekommen Sie wieder.«
»Wieder? Was? Wieso? Wieder?«
»Ich habe sie nicht auf Hannibal gesetzt.«
Erich fiel Busse um den Hals.
Er küßte ihn vor Freude auf Backe, Nase und Stirn.
»Das ist ja — das ist ja fabelhaft, mein lieber, mein guter Herr Busse! Das ist ja herrlich von Ihnen! Sie sind wirklich ein Prachtmensch! Das werde ich Ihnen nie vergessen! Ihr habt ja alle so recht, man setzt sein erarbeitetes Geld nicht auf wilde Pferde. So ist es mir direkt lieber, als wenn ich gewonnen hätte. Einer muß

ja das Geld verloren haben, was ich gewinne. Das ist unrechtes Geld. Das soll mir eine heilsame Lehre sein! Nein, so ein Glück! Hier, Emma, sind deine zwanzig Mark zurück! Das war die beste Idee Ihres Lebens, Herr Busse! Wer hat denn übrigens das Rennen gemacht?«

Busse zuckte die Schultern.

»Keine Ahnung! Ich war überhaupt nicht beim Rennen. Ich verstehe nichts davon. Aber die Rennresultate habe ich unten für Sie gekauft. Ich kenne mich darin nicht aus. Hier sind sie.«

Erich riß die Zeitung auseinander.

»Erstes Rennen: Niobe«, las er, »zweites Rennen: Goldmähne — drittes Rennen — nein! — nein!! — Hannibal! Hannibal hat gewonnen! Hannibal mit zwei Längen!«

»Unmöglich!«

»Fünfhundertzwanzig für zehn!«

»Das ist doch —«

»Hier! Da! Lesen Sie selbst! Das sind tausendundvierzig Mark für meine zwanzig! Wo ist das Geld?«

»Welches Geld?«

»Mein Gewinn!«

Busse trat von einem Bein aufs andere.

Ihm hatte es ein wenig die Rede verschlagen.

Ganz blaß war er geworden und stotterte immer nur:

»Aber — aber — das ist doch — aber —«

Erich erwischte ihn beim zweiten Rockknopf.

»Keine dummen Scherze, lieber Busse! Der Spaß war

gut, der Spaß war sogar ausgezeichnet, aber einmal muß auch der beste Spaß sein Ende haben. Also raus mit der Marie!«

»Ich versichere Ihnen, Herr Gautsch —«

»Versichern Sie mir nichts! Zahlen Sie mir lieber das Geld aus!«

»Ich — ich habe das Geld wirklich nicht gesetzt, Herr Gautsch.«

In Erich stieg ein trüber Verdacht auf.

»Ach so? Aha! Sie wollen mich wohl auf den Arm nehmen, Herr Busse? Sie wollen mich wohl für dumm verkaufen, Herr Busse? Sie wollen wohl das Geld für sich behalten, Herr Busse? Jetzt, wo Hannibal gewonnen hat, haben Sie einfach nicht gesetzt? Und wenn er ferner liefen gewesen wäre, dann wäre mein Geld futsch gewesen, wie? Nein, mein verehrter Herr, da müssen Sie bei mir früher aufstehen! Da sind Sie bei mir falsch gewickelt, Herr von Busse! Sie haben den Auftrag übernommen und werden zahlen! Auf Heller und Pfennig! Auf Groschen und Kreuzer!«

»Aber so fragen Sie doch Ihre Frau!« stieß Busse aufgeregt aus.

»Wen??«

»Ihre Frau!«

»Meine Frau lassen Sie gefälligst aus dem Spiel, Herr!« schrie Erich, »was soll wohl meine Frau damit zu tun haben?«

»Sie hat mir doch das Ehrenwort abgenommen, Ihre zwanzig Mark nicht zu setzen!«

Erich fuhr wie von der Tarantel gestochen herum.
»Emma! Ist das wahr?«
Emma stand wie eine Königin.
Ihr Hut saß wie eine goldene Krone.
»Er lügt, Erich«, sagte sie feierlich, »die Lüge steht ihm auf dem bleichen Gesicht geschrieben — ich weiß kein Wort davon — es ist alles so, wie du sagst, Erich — er soll nur zahlen!«
Drei Tage später war die Beerdigung des guten Nachbarn Busse. Er ist an gebrochenem Herzen gestorben, enttäuscht von seiner Liebe zu den Menschen.

Zwei Männer, noch jung an Jahren, saßen im Sprechzimmer des berühmten Psychiaters. Der eine sah aus wie ein Dichter, wenn Dichter aussehen würden wie Dichter, dem zweiten konnte man seinen Beruf nicht ansehen, er gab an, Jusstudent zu sein und sich gegenwärtig auf einer Ferienreise durch die Schweiz zu befinden.

Nachdem der Psychiater jedem der Herren die Hand gereicht hatte, zog er ein weißes Taschentuch aus der Tasche, entfaltete es und begann damit herumzuwedeln.

»Ich beginne mit einer einfachen Frage, meine Herren«, sagte er, »ich habe hier ein Taschentuch und bewege es mit meiner Hand auf und ab. Welche Gedankenassoziation erweckt das bei Ihnen?«

Der erste sagte:

»Ich sehe einen Bahnsteig vor mir, der Zug fährt ab, und jemand winkt aus einem Abteil zurück.«

»Eine vortreffliche Antwort«, sagte der Arzt und wandte sich an den zweiten: »Woran denken Sie bei diesem Anblick?«

Der zweite antwortete:

»An eine Frau in München ... an ihr Gesicht, an ihre Hände, an ihr Kleid, wie sie geht und wie sie zur Tür hereinkommt ...«

Zur zweiten Frage wählte der Psychiater eine halb-

volle Streichholzschachtel, die er hochhob und schüttelte.
»Woran erinnert Sie das?« fragte er den ersten.
»An Spanien, an Kastagnetten und auch an einen Mixer hinter der Bar, wenn er einen Cocktailbecher schüttelt.«
»Ausgezeichnet geantwortet! Und woran denken Sie, mein Herr, wenn Sie diese Streichholzschachtel in meiner Hand sehen?«
Der Student antwortete:
»An eine Frau in München ... an ihr Gesicht, an ihre Hände, an ihr Kleid ... wie sie geht und wie sie zur Tür hereinkommt ...«
Der Psychiater schaute ein wenig verwundert auf diesen offensichtlich so verliebten jungen Mann, dann nahm er seinen Hut vom Haken, setzte ihn auf, und plötzlich warf er ihn mit einer heftigen Bewegung durch die offene Tür.
»Nun, welche Gedankenverbindungen, meine Herren?«
»Ich denke abermals an Spanien«, sagte der erste, »an einen Stierkampf in Barcelona, wo die Männer begeistert ihren Hut vom Kopf reißen und in die Arena werfen.«
»Sie reagieren ausgezeichnet«, sagte der Arzt anerkennend, »und woran dachten Sie, als ich meinen Hut hinauswarf?«
Der Jusstudent sagte abermals und seufzte dabei schwer:

»An eine Frau in München ... an ihr Gesicht, an ihre Hände, an ihr Kleid ... wie sie geht und wie sie zur Tür hereinkommt ...«

Jetzt wurde es dem Arzt zu dumm.

»Haben Sie denn keine anderen Gedanken?« fragte er nervös, »ob ich Ihnen nun ein Taschentuch zeige oder eine Streichholzschachtel oder meinen Hut hinauswerfe ... Sie denken immer nur an die eine Frau?«

»Sie können mir zeigen, was Sie wollen — ich muß dabei immer an die Frau in München denken.«

»Ist es Ihre Freundin? Ihre Verlobte?«

»Nein«, sagte der junge Mann, »im Gegenteil. Es ist meine Hauswirtin, an die Sie mich erinnern. Sie macht bei mir im Zimmer Ordnung und zündet mir den Ölofen an, sie wäscht mir die Wäsche und kocht für mich und droht mir jeden Tag, mich zur Tür hinauszuwerfen, wenn ich die Miete und das Essen nicht pünktlich bezahle.«

Ich habe soeben einen Brief geschrieben, der vielleicht nie sein Ziel erreicht. Er ist an einen Mann in Spanien gerichtet, genauer gesagt in Palma de Mallorca, einen Mann, dessen Namen ich nicht kenne und von dem ich auch nicht weiß, wo er wohnt. So versuchte ich diese Adresse:

»An den Maler, ungefähr 35 Jahre alt, mit einem blonden Vollbart, angeblich wohnhaft im Hotel Portassa, elegant salopp gekleidet und fast jeden Abend Gast des Restaurants del Puerto, Palma de Mallorca, Paseo de Sagrero 9, Spanien.«

»Lieber unbekannter Freund«, schrieb ich, »ich habe Ihnen für zwei Rosen zu danken, die Sie eines Abends wortlos im Vorübergehen meiner Frau und meiner Tochter auf den Tisch legten. Wir saßen im Formentor, draußen auf der Terrasse, vor uns das bunte Treiben des abendlichen Korsos auf dem Borne, wir waren an diesem Abend nicht sehr heiter, denn in einer Stunde sollte unser Schiff ablegen, die Koffer waren bereits gepackt, und der Abschied von der Insel fiel uns nicht leicht. Meine siebzehnjährige Tochter, das lange blonde Haar mit einem roten Band gebunden, saß da mit den ihr zum Abschied gekauften Kastagnetten in ihren unruhigen Händen, dem Weinen näher als dem Lachen. Es war für sie eine unbeschwerte Zeit gewesen, die an jenem Tag zu Ende ging. Wir waren

vor drei Monaten angekommen, unmittelbar nach ihrer Abschlußprüfung, losgelöst vom strengen Schulplan. Sie war frei und fast erwachsen geworden, kein Schulkind mehr, auch vom Vater mit dem besseren Platz am Tisch zum erstenmal in ihrem Leben bevorzugt. Und all dies hatte sich in einem fremden Land abgespielt, in der verzauberten Stadt Palma. Hier nun waren Sie ihr schon am ersten Abend begegnet.
Wir saßen beim Abendessen in einem Restaurant, und plötzlich kamen Sie herein. Sie sahen so anders aus, nicht schön etwa oder gar bedeutungsvoll, ein wenig fremdländisch, groß gewachsen. Sie nahmen keine Notiz von den Frauen ringsum, die sofort ihre Gabeln senkten und mit Blicken Ihre Aufmerksamkeit zu erwecken suchten. Sie setzten sich an einen für Sie reservierten Tisch, mit dem Rücken zum Saal — offenbar waren Sie hier ein Stammgast, denn der Kellner behandelte Sie mit einer so vorbildlichen Höflichkeit und dabei einer offen bekundeten Freundschaft, wie dies nur bei guten Gästen in den spanischen Restaurants vorkommt. Sogar der Küchenchef Bernardo kam mit seiner weißen hohen Mütze zu Ihnen an den Tisch und servierte Ihnen eine Schüssel gegrillter Langustinen, ein Geschenk des Hauses, wie er sagte. Sie fielen mir auf, ich gestehe es offen. Im Übermut des ersten Abends in einem fremden Land machte ich sogar meine Tochter auf Sie aufmerksam: ›Das wäre ein Schwiegersohn nach meinem Geschmack!‹ Meine Tochter lachte nur dazu, aber seitdem hießen Sie bei

uns nur der Novio, der Bräutigam. Wir begegneten uns oft, fast täglich. Sie kamen immer allein, nahmen von Ihrer Umwelt keine Notiz und merkten auch nicht, daß ihre Augen aufleuchteten, wenn sie Sie erblickte. Nun ist sie ein junges Mädchen, dem die Männer noch wenig zu sagen haben. Nicht einmal die Tanzstundenzeit hat daran etwas geändert, sie ist in einem Internat mit zweihundert Jungen aufgewachsen und fand die Liebe höchst überflüssig und alle Männer höchst langweilig.

Jetzt sah ich zu meiner Überraschung zum erstenmal, daß ihr ein Mann gefiel, wenn sie es auch geschickt zu verbergen wußte, wie alle jungen Mädchen, die behütet und unversehrt ihr siebzehntes Lebensjahr erreicht haben. Wenn sie lachend von ihrem Novio sprach — und sie sprach sehr oft von ihm, was mir auffiel —, so spottete sie über Ihre Art, an der Bar zu stehen und mit dem Mixer zu plaudern oder wie Sie dicke Zeitungen in Ihre Rocktaschen zwängten. Sie behauptete, Sie hätten nur einen Anzug — und das wäre nicht einmal einer, ein offenes Hemd, ein bunter Schal, eine Kordhose, Strandschuhe aus Bast geflochten. So sahen wir Sie täglich, aber Sie sahen darin aus wie ein Lord, das mußte selbst meine Tochter zugeben, während sie über Ihren Bart spottete, der feuerrot rund ums Kinn lief.

Sie nannte Sie den ›lieben Gott‹, denn Sie sahen in der Tat so aus wie der liebe Gott in ihren Kinderbüchern. Und als wir eines Tages mehr zufällig erfuhren, daß Sie schon seit zehn Jahren auf der Insel leben, ein Russe im Exil, Maler von Beruf, im Hotel Portassa wohnend, nahm auch plötzlich dieses Hotel in ihren Träumen eine schönere Gestalt an, als ihm der Erbauer gegeben hatte.

An diesem Abend, als wir das Gespräch über Sie führten, geschah es, daß Sie meine Tochter zum erstenmal grüßten. Ich weiß nicht, was Sie dazu veranlaßte, wir waren uns drei Monate lang täglich begegnet, ohne daß Sie sie zu bemerken schienen. An diesem Abend aber, als wir das Restaurant, in dem wir täglich speisten, verließen und an Ihrem Tisch vorbeigehen mußten, erhoben Sie sich und grüßten sie und ihre Mutter. Wir bestiegen unseren Wagen. Sie aber eilten uns bis zur Tür des Restaurants nach und verbeugten sich tief, eine Bewegung, wie man sie in Europa nicht mehr sieht.

Sie war bei der Heimfahrt sehr schweigsam, und auch am nächsten Tag, unserem letzten Tag auf der Insel, redete sie sehr wenig. Wir schoben es ihrem Schmerz zu, das Meer und Palma zu verlassen. Alles Lachen und Spotten über den Novio waren aus ihrem jungen Gesicht mit den vereinzelten Sommersprossen verschwunden. Die letzten Stunden verbrachten wir, schon die Schiffskarten in der Tasche und den Wagen bereits verladen, auf der Terrasse des Cafés Formentor, da kamen Sie vorbei, ein kurzer flüchtiger Gruß im Vorübergehen. Dann aber kamen Sie noch einmal, kurz darauf. Sie hielten zwei Rosen in der

Hand und überreichten sie mit einer tiefen Verbeugung, eine Rose der Mutter und eine Rose der Tochter.
Ehe wir Ihnen danken konnten — was hätten wir auch sagen sollen, wir sprechen verschiedene Sprachen —, waren Sie gegangen, und eine Stunde später betraten wir das Schiff.
Jetzt ist sie daheim, im Alltag ihres jungen Lebens, sie hat nie wieder von Ihnen gesprochen, aber wir wissen, daß sie Sie nicht vergessen hat. Sie gehen vielleicht in dieser Minute am Formentor vorbei und wissen gar nichts mehr von der Rose, die Sie einem Kind überreichten. Vielleicht war es nur eine Geste von Ihnen, eine ritterliche Huldigung an die Jugend und Schönheit.
Ich aber als Vater möchte Ihnen danken, meinem Kind die erste Begegnung mit einem Mann so beglückend gemacht zu haben: nur eine Rose auf den Tisch, sie ist damit zur Frau geworden, und mir ist nicht mehr bang um ihre Zukunft.«
Ich schrieb weder meinen Namen darunter noch woher der Brief kam. Ich möchte nie, daß meine Tochter diesen Mann heiratet. Als Vater denkt man leider praktisch. Aber ihm zu danken bestand — wenn auch kein Anlaß — ein aufrichtiges Bedürfnis.

Seit einem Jahr, genauer gesagt seit vierzehn Monaten und zwei Wochen, habe ich einen sonderbaren Traum, der sich in gewissen Abständen wiederholt.
Mir träumt, ich wäre ein Fisch aus der Gattung der Pilcharden, landesüblich Sardinen genannt, die in großen Netzen an der atlantischen Küste Frankreichs, in der Bretagne, gefangen und in Öl gesiedet werden. Mein Traum setzt immer erst dann ein, wenn die Prozedur des Fischfangs und der Ölkocherei vorbei ist und ich, noch die Wärme des Siedens im Blut, mich behaglich unter meinesgleichen auf den langen und breiten Eichenbrettern strecke, zum Abkühlen sozusagen, während man in der großen Halle nebenan kleine Dosen vorbereitet, säubert und blankreibt, in die ich in Kürze meinen Einzug halten werde.
Wir haben vereinbart, daß wir uns zu sechst eine Dose teilen werden und uns in reines Olivenöl betten wollen, und freuen uns eigentlich bereits darauf, denn diese Dosen haben sich seit Jahren bewährt, und man hat selten erlebt, daß zwischen den Fischen ein Streit, nicht einmal eine Unstimmigkeit ausgebrochen wäre. Es ist etwas Behagliches an dem Gedanken, die Fährnisse des Daseins hinter sich gebracht zu haben, in kühlen Räumen zu lagern, weite Reisen in die ganze Welt anzutreten, später in den Auslagen der Feinkosthändler zu liegen, in den Sonderangeboten der

Supermärkte angepriesen zu werden, von allen geachtet, von allen geschätzt. Dafür nimmt man manche Unbequemlichkeit, vor allem die Enge des Raumes in Kauf.

Zu Beginn meines wiederkehrenden Traumes hatte ich immer Bedenken, so eng gepfercht mein Dasein weiterzuleben, aber ich gewöhnte mich schnell an die Lebensweise, zu sechst in einer kleinen Dose zu leben. Ich hatte mir vorgestellt, wir würden uns zunicken, als wollten wir sagen: »Na ja, es geht doch besser, als man fürchtete!« Wenn sie uns den Kopf gelassen hätten. Aber den hatten sie uns vorsorglich abgenommen. Vielleicht ist es überhaupt nur der Kopf, der Großmäuliges sagt und mit den gegebenen Zuständen nicht zufrieden ist. Nein, ich muß gestehen, ich empfinde keinerlei Unbehagen, in dieser kleinen Sardinendose zu liegen, mit sechs meinesgleichen, man gewöhnt sich schnell daran.

Wenn ich am Morgen erwache, bin ich keineswegs gerädert, sondern bin mit meinem Los überaus zufrieden. Ich habe sogar eine gewisse Dankbarkeit im Herzen, eine so nette Dose gefunden zu haben, sauber und mit allem, was man zum Dasein braucht, wenn auch ein wenig beengt.

Ich reibe mir den Schlaf und den Traum aus den Augen und blicke auf den Kalender und erkenne, daß heute der Erste ist und die Miete in unserer Wohnsiedlung, zehn Hochhäuser am Stadtrand, fällig ist. Denn das ist der einzige Unterschied zwischen Traum

und Wirklichkeit, daß ich für meine enge Wohnung für sechs Personen eine Miete bezahlen muß, während die Ölsardinen in ihrer Dose mietfrei bleiben.
Aber das ist auch der einzige Unterschied.

Zwei Arbeiter verschwanden

Nicht immer bin ich mit allem einverstanden, was meine Frau in ihrer Umsicht tut. Mitunter überspannt sie den Bogen ihrer Logik, was nützlich oder vernünftig ist. Ich las nicht ohne inneres Mißbehagen in unserer Zeitung folgende Notiz:

»Zwei Arbeiter verschwanden auf rätselhafte Weise.«

Und darunter, klein gedruckt:

»Zwei Installateure, Martin R., 25, und Richard B., 27, die Freitag nachmittag noch auf der Baustelle der Klingler-Werke arbeiteten, sind spurlos verschwunden. Sie wurden beobachtet, wie sie Freitag Punkt vier Uhr ihr Werkzeug zusammenpackten und die Baustelle gemeinsam verließen. Seitdem fehlt jede Spur von ihnen.«

Ich zeigte Kitty die Überschrift in der Zeitung.

Kitty lächelte mir zu, als blicke der Vollmond drein.

»Na und, Johannes?« fragte sie.

»Fürchtest du keine Weiterungen?«

»Im Gegenteil. Ich hoffe, mein Beispiel macht Schule.«

Was war geschehen?

Wir hatten in unserer Wohnung die Handwerker. Genau gesagt: in der Küche. Noch genauer gesagt: Der Küchenfußboden war aufgerissen, und zwei Installateure waren am Werk gewesen, die alten Wasserrohre und Gasleitungen herauszureißen und durch neue zu ersetzen. Das war am Montag geschehen. Unsere

Küche sah aus wie ein Schutthaufen, wie ein Trümmerfeld.
Am Montag abend verließen die beiden Installateure unsere Wohnung und versprachen, am Dienstag wiederzukommen.
Am Dienstag bereiteten wir für unsere Handwerker ein gutes Frühstück vor. Wir kauften ein. Bier vor allem, Wurst, Brot, Käse, auch etwas Räucheraal und Lachs, denn die Installateure haben sich inzwischen zu Feinschmeckern entwickelt, auch etwas Obst, Äpfel und Grapefruits der neuen Ernte, Feigen und Datteln. Das ist heute so üblich.
Dann warteten wir auf unsere beiden Installateure. Es wurde zehn Uhr, es wurde elf Uhr, es schlug Mittag, wir beugten uns weit aus dem Fenster, sahen aber keinen kommen.
Am Mittwoch war es nicht anders und am Donnerstag ebenfalls nicht. Immer wenn wir glaubten, das könne doch unmöglich wahr sein, uns so sitzenzulassen, im Bauschutt und ohne die Möglichkeiten, uns Mahlzeiten zu bereiten, nahmen wir an: vielleicht arbeiteten sie schon längst in der Küche weiter, ohne daß wir ihr Kommen bemerkt hatten. Es gibt solche Zustände des Wahns, wenn man auf Handwerker wartet. Aber als wir am Donnerstag dreimal in dieser Hoffnung in die Küche liefen, sahen wir nur die Trümmer.
Am Freitag verlor meine Frau die Geduld.
Sie eilte zu der Firma, die den Auftrag übernommen hatte.

Der König der Installateure, der Chef nämlich, der seine Arbeitskräfte nach Gutdünken zu den einzelnen Baustellen einteilte, blieb kurz angebunden.

»Was wollen Sie denn? Sie haben bei Ihnen ja bereits angefangen, liebe Dame!«

»Das ist es ja eben!« sagte die liebe Dame, meine Frau. »Alles ist aufgerissen, und wir können nicht in die Küche. Wenn sie es wenigstens gelassen hätten, wie es war.«

»Sie sind sehr undankbar!« sagte der Chef. »Andere Kunden wären froh, wenn überhaupt schon angefangen worden wäre.«

»Wo sind die beiden Herren?«

»Momentan arbeiten sie an der Baustelle der Klingler-Werke. Sie kommen dort nicht weiter, bis die Installationen verlegt sind. Dann müssen sie dringend zur Feldmühle und anschließend ins Rathaus, das ein neues Schwimmbad für die Ratsherren bekommt.«

»Und wann kommen sie zu mir?«

»Das weiß Gott allein«, sagte der König der Installateure.

Da schloß es bei Kitty kurz, und sie handelte nach ihrem gesunden Menschenverstand. Am Freitag nachmittag, Punkt vier Uhr, als der Kirchturm die vier berühmten Glockenschläge tat, die das freie Wochenende bedeuteten, stand Kitty am Eingang der Baustelle, eine Wasserpistole in der Hand, die einer echten nicht unähnlich sah, und zwang die beiden als erste heraustretenden Installateure, in ihren Wagen einzusteigen und in unsere Wohnung zu fahren. Dort bedrohte sie meine Frau weiter mit der Pistole, schloß sie in die Küche ein und rief:

»Vorwärts! An die Arbeit! Dort steht euer Essen, dort steht euer Bier! Bis morgen abend müßt ihr fertig sein! Wenn es soweit ist, klopft an die Tür! Und bis dahin hurtig, hurtig, hurtig!«

Als der König der Installateure von seinen Leuten erfuhr, was Kitty getan hatte, stieg er in seinen Mercedes 600, bewaffnete sich mit einer Wasserpistole und fuhr zur Baustelle Windischgrätz 17 hinüber, wo sie gerade elektrische Leitungen verlegten. Als die ersten beiden Kabelleger der Elektrofirma nach Arbeitsschluß am Tor erschienen, wiederholte er das gleiche Kunststück, denn er hatte schon seit Montag voriger Woche kein Licht in seinem Haus.

Zwei Bewerber

Wie es der Zufall wollte, kamen an einem Sonntag zwei Männer zu mir, die um die Hand meiner Tochter anhielten. Sie waren beide jung, gesund, gerade gewachsen, hatten ihre Anstellung und bezogen jeder ein festes Gehalt. Der eine war blond, der andere brünett, aber nach der Haarfarbe entscheidet ein Vater ja selten.

Ich ging zu meiner Tochter hinaus, die in der Küche auf meine Entscheidung wartete, und fragte sie, wem von den beiden Bewerbern sie ihr Herz geschenkt hatte.

»Frag mich nicht, Vater!« sagte sie, »ich finde einen so nett wie den anderen ... entscheide du.«

Jetzt war guter Rat teuer.

»Meine Herren«, sagte ich, »Ihr Antrag ehrt mich. Eine Frage zuvor. Wenn Sie meine Tochter schnell heiraten, so fällt Ihre Hochzeit noch in den Fasching, in den Karneval. Sie sind also schon im Fasching glücklicher Ehemann. Werden Sie nun mit meiner Tochter, die dann Ihre Frau ist, einen Maskenball oder ein anderes Fest besuchen?«

Der erste der beiden Bewerber sah mich streng, ja beinahe entrüstet an, als ob ich ihm etwas Ungebührliches zugemutet hätte. »Maskenbälle und Mummenschanz sind nichts für einen anständigen jungen Ehemann. Da heißt es, das Geld zusammenzuhalten, die monatlichen Ausgaben vorher genau berechnen, soviel für das Essen, die Miete, soviel für die Heizung, dies für die Kleidung und das für den Sonntag. Ein Teil des Verdienstes gehört auf die Sparkasse, damit ein Notgroschen vorhanden ist, wenn eines Tages Kinder kommen. Eine Ehe ist eine ernste, verantwortungsvolle Angelegenheit, da heißt es für das Alter sorgen, da gibt es wichtigere Dinge, als sein Geld für Wein, Maskerade und andere flüchtige Vergnügungen auszugeben. Ich nehme an, Sie teilen meine Ansicht. Wie glücklich muß sich jeder Vater preisen, seine Tochter einem Mann mit Grundsätzen anzuvertrauen.«

Ich nickte ihm freundlich zu. Das waren Worte nach meinem väterlichen Herzen. Gerade mir, der ich mein Leben lang jeden Groschen auf den Kopf gestellt hatte und selten Geld im Sack hatte, dazu hatten Kitty und ich allzeit zu fröhlich gelebt, taten diese Worte gut. Das war ein Schwiegersohn von rechter Art.

»Selbst auf die Gefahr hin, mir Ihr Wohlwollen zu verscherzen«, sagte der zweite, »selbstverständlich werde ich meine junge Frau im Fasching, im Karneval, ausführen. Wir werden auf Maskenbälle gehen, vielleicht selbst ein Fest veranstalten, wir werden uns kostümieren und anstreichen, wir werden tanzen, lachen, den holdesten Unfug treiben, die ganze Nacht hindurch bis zum frühen Morgen. Was gibt es denn Schöneres, als mit seiner jungen Frau, die man liebt, zu feiern, mit ihr zu lachen, mit ihr zu tanzen, sie zu küssen und tausend Dummheiten mit ihr gemeinsam zu machen? Auch einmal eine Flasche Wein oder ein Glas Sekt zu trinken? Da stürzt der Haushalt nicht gleich ein. Gewiß, ich verdiene kein Vermögen, da heißt es rechnen — aber reicht es einmal nicht, so wird man eben etwas Geld dazuverdienen. Meine Frau soll später glücklich an die erste Zeit ihrer jungen Ehe zurückdenken, es soll die lustigste ihres Lebens werden.«

Ha, da konnte ich als Vater erst recht nichts sagen. Der Junge dachte, wie ich es mein ganzes Leben gehalten hatte. Ich ging zum zweitenmal in die Küche und sagte zu meiner Tochter:

»Wehe dir, wenn du nicht den Mann mit den Grundsätzen wählst! Damit endlich einmal ein ordentlicher Mensch in unsere Familie kommt!«

Meine Tochter ging. Sie wäre nicht meine geliebte Tochter gewesen, wenn sie nicht zu meiner Freude den Richtigen gewählt hätte, den Mann mit dem fröhlichen Mut und dem leichtsinnigen Herzen . . .

Der Ball war in vollem Gange. Patricia sah betörend schön aus. Ihr Abendkleid war von einem irisierenden Blau — abgestimmt zu ihrem dunklen Haar und ihre durch den Kontrast verwirrenden blauen Augen. Die Haare im neuesten Zigeunerlook, mit einem makellosen Make-up. Patricia war eine der schönsten Erscheinungen auf dem Fest der High-Society. Nichtsdestotrotz schien sie schlechter Laune. Patricia stellte das volle Glas Champagner auf den Tisch zurück, ohne getrunken zu haben.

»Ich weiß, daß du dich kränken wirst, Timothy«, sagte sie, »aber ich kann einfach nicht deine Frau werden.«

»Das fällt dir sehr spät ein.«

»Ich habe gestern deinen Bruder kennengelernt.«

»Bill?«

»Ja. Er hat alle deine guten Eigenschaften und ...«

»Und ist reich dazu«, sagte Timothy.

»Willst du mich beleidigen?« fuhr Patricia auf. »Ich habe dich niemals gefragt, ob du Geld hast oder nicht.«

»Das war nicht nötig. Du wußtest es.«

Patricia griff nach einer Zigarette.

»Dein Bruder hat etwas, das du nicht besitzt.«

Timothy wollte sich erst wiederholen. Dann unterließ er es und fragte spöttisch:

»Verständnis für die Wünsche einer schönen Frau?«

»Das ist es.«

Timothy betrachtete sie vergnügt.

Er deutete auf ihre beiden Ohrgehänge.

»Ich sehe es. Er hat dir die Perlen geschenkt.«

»Daran siehst du, wieviel ich ihm wert bin.«

»Ja. Ein Pfund, Sixpence.«

Patricia sprang auf.

»Das ist nicht wahr! Der Schmuck ist echt!«

»Irrtum! Die Perlen sind falsch. Mein Bruder kauft die Ohrgehänge für solche vorgesehenen Fälle im Dutzend.«

»Und die Halskette?«

»Auch im Dutzend billiger.«

Patricia riß blitzschnell die Ohrgehänge herunter und warf sie mit der Kette auf den Tisch.

»Timothy«, sagte sie und griff zärtlich nach seiner Hand, »Bill ist ein Schuft! Er ist an allem schuld. Kannst du mir noch einmal verzeihen?«

Timothy sah sie belustigt an.

»Auch Verzeihungen sind im Dutzend billiger«, sagte er.

Als Timothy spät am Abend heimkam, übergab er seinem Bruder Bill die wertvollen Ohrgehänge und die Halskette.

»Wie wandelbar doch schöne Frauen sind«, sagte er, »man braucht ihnen nur zu sagen, daß der Schmuck nicht echt ist, schon schwindet die Liebe.«

»Die beiden Stücke sind echt.«

»Ich weiß«, sagte Timothy, »das sieht ein Kenner.

Aber die Liebe des Mädchens war nicht echt. Weder zu dir noch zu mir. Und da war der wertvolle Schmuck falsch – falsch am Platze.«

Ein Tag aus einer Ehe

Der Tag ist noch gar nicht so lange her, keine acht Wochen, als ich nach Tegernsee fuhr, mir von meinen Freunden zum Geburtstag die rote Nelke überreichen zu lassen. Kitty, meine Frau, fuhr mit, da sie an diesen Tagen zum Friseur zu gehen pflegt und am Markt in Miesbach den Braten für den Sonntag einkauft. Auf dem Weg nach Tegernsee fuhren wir an dem Haus unserer gemeinsamen Freundin, Frau N., vorüber. Kitty hatte einen großen Blumenstrauß in unserem Garten geschnitten, um ihn Frau N. zu bringen, die aus irgendeinem Grund über mich verstimmt war. Da ich Kittys Lust, bei jeder Gelegenheit Blumen zu verteilen, im allgemeinen nicht und hier noch dazu im besonderen nicht teilte, war ich nicht allzuguter Laune, wie das bei Ehemännern ja oft der Fall ist, wenn etwas geschieht, worin sie keinen Sinn sehen. Kitty aber bestand darauf, daß ich vor dem Haus hielt und sie die wenigen Schritte vom Gartentor hinauf zu Frau N.'s Haus machte, um die Blumen dort abzugeben.

Ich blieb ein wenig verärgert über diesen, wie mir schien, unnötigen Aufenthalt im Wagen sitzen und fand, daß Kitty, die zwischen Bäumen und Sträuchern mit ihrem Blumenstrauß und der großen Handtasche verschwunden war, ihr Vorhaben allzulange ausdehnte, wahrscheinlich hatte sie oben ein Frauenschwätzchen mit Frau N. eingeschoben und offenbar völlig vergessen, daß ich hier unten auf sie wartete – ich begann zu hupen, erst einmal, dann immer ungeduldiger, und schließlich kam Kitty den Berg herunter, ein wenig zu langsam, wie es meiner Ungeduld schien. Ich hupte sie noch einmal an, obwohl ich sie bereits sah, um sie zu ermahnen, ihre Schritte zu beschleunigen. Kitty hob ihre Hand und winkte mir zu, sozusagen um Verzeihung bittend, dann stieg sie zu mir in den Wagen.

»Mußte das so lange dauern?« fuhr ich sie an. »Du hast doch gewußt, daß ich hier unten warte.«

»Frau N. war nicht daheim. Nur das Hausmädchen.«

»Erst recht kein Grund, mich so lange warten zu lassen!« brauste ich auf. Männer sind so. Männer reden so.

Kitty gab keine Antwort. Sie sagte kein Wort.

Schon tat es mir leid, sie so grob angefahren zu haben, wie es uns Ehemännern gern zur lieben Gewohnheit wird. Ich lenkte daher den Wagen nicht zum Klubhaus, sondern hielt vor einer Modeboutique und sagte zu Kitty:

»Komm! Steig aus!«

»Was hast du vor?« fragte Kitty erschrocken.

»Dir ein Kleid kaufen! Dir hat kürzlich hier ein Stoff im Fenster gut gefallen.«

Das war so eine Art Sühne für mein Benehmen von vorhin. Männer sühnen gern, wenn sie ihre Frau lieben.

»Aber nein!« sagte Kitty und stieg nicht aus.
»Sei wieder gut! Entschuldige und komm!«
Da gab Kitty nach. Sie stieg aus. Aber sehr langsam, überaus langsam.
Der Stoff, den Kitty sich ausgesucht hatte, war nicht mehr im Fenster. Wir betraten den Laden. Frau Pohlmann, die Besitzerin des Geschäftes, bedauerte, daß dieses Muster nicht mehr vorrätig sei. Da sie aber schon immer verstanden hatte, mir mit ihrer Liebenswürdigkeit das Geld aus dem Beutel zu ziehen, und ich heute sowieso die Spendierhosen anhatte, wählte ich unter den vorgelegten Stoffen, beriet mich mit Kitty und bat, sich diesen Wollmusselin anzuhalten und jenen Seidensatin, wie er gerade Mode war. Kitty schien nicht sonderlich begeistert. Die Stoffe waren allesamt schön und standen Kitty gleichermaßen gut. Sie wäre sonst hellauf beglückt gewesen, ließ aber heute ziemlich willenlos alles mit sich geschehen, wenn Frau Pohlmann ihr einen neuen Stoff als Kleid drapierte, und legte ihre große Handtasche nicht aus der Hand. Endlich hatten wir uns auf zwei Stoffe zur engeren Wahl geeinigt. Ich kannte Kittys Art. Sie sagte sonst in solchen Fällen immer:
»Wie denkst du, Johannes, wenn wir beide nehmen?«
Diesmal aber sagte es Kitty nicht, sie blieb seltsam einsilbig und war keineswegs kauflustig. Nun verliert auch der geduldigste Ehemann, der bei solchen Gelegenheiten zumindest bei seiner Frau ein strahlendes Gesicht erwartet, allmählich die Geduld. Ich

machte keine Ausnahme, ich wurde nervös und sagte schließlich:
»Meine Zeit ist abgelaufen. Wenn du dich nicht entschließen kannst, hier ist das Geld, kauf ohne mich ein!«
Draußen war ich, sprang in den Wagen und fuhr davon.
Zwei Stunden später trafen wir uns wie verabredet in einer Konditorei, die durch ihren Baumkuchen berühmt ist. Kitty war wieder fröhlich und heiterer Dinge, sie hatte sich keinen Stoff gekauft, überhaupt keinen, gab mir das Geld zurück, und wir sprachen nicht mehr darüber.
Erst viel später, genau zwei Monate danach, erfuhr ich, was an diesem Tag geschehen war. Kitty war nach meinem Weggang aus der Boutique ohnmächtig zusammengebrochen und von Frau Pohlmann sofort ins Tegernseer Krankenhaus gefahren worden, wo sie verbunden wurde und eine Tetanusspritze erhielt. Als Kitty am Vormittag mit dem Blumenstrauß in der einen und ihrer Handtasche in der anderen Hand in das Haus von Frau N. hinaufgestiegen war, hatte sich der große Schäferhund, der frei im Garten hinter dem Zaun herumlief, durch irgend etwas erschreckt, auf Kitty gestürzt, sie zu Boden gerissen und ihr den Rock zerfetzt! Als Kitty sich gegen ihn zur Wehr setzte, hatte er sie mit seinen scharfen Zähnen ins rechte Bein gebissen. Zum Glück kam das Hausmädchen noch rechtzeitig hinzu, hatte den Hund zu-

rückgerissen, ihn eingesperrt und Kitty notdürftig vom Schmutz befreit und den zerfetzten Rock mit Nadeln zusammengesteckt. Inzwischen hupte ich unten schon ungeduldig, und Kitty humpelte trotz aller Schmerzen zu mir herunter, stieg in den Wagen und erzählte mir kein Wort. Daß ich unglückseligerweise noch auf die Idee kam, mit ihr in die Boutique zu gehen, ihr dort Stoffe anhalten ließ, während sie ihre große Handtasche über den zerrissenen Rock hielt, damit ich nichts merke . . .

Als ich es nach zwei Monaten erfuhr, nicht einen Tag früher, ehe die Wunde verheilt war, ich war in dieser Zwischenzeit beruflich oft unterwegs, fragte ich Kitty, warum sie mir nichts erzählt hatte.

»Du hättest dich nur unnötig aufgeregt, Johannes! Es ist auch so wieder gut geworden, der Arzt hat mich genäht und verbunden, die Schneiderin hat mir den Rock geflickt, und du hast von alledem, Gott sei Dank, nichts gemerkt.«

Und wenige Tage später sagte meine jüngste Tochter Christine zu unserer Ältesten: »Du wirst sehen, Mutter bringt es noch fertig, zu sterben, ohne daß Vater es merkt. Denn das wird für sie das Schlimmste sein, daß ihr geliebter Johannes sich dann kränkt und unglücklich ist und einen Kummer hat, den sie nicht mehr lindern kann . . .«

Seht, so sind die Ehefrauen!

Warme Würstchen schmecken gut und ernähren ihren Mann. Jeden Abend um acht kam Max Beilhack. Er schob seine Würstelbude vor sich her. Ecke Kaiserstraße—Königstraße machte er halt.

»Warme Würstchen!« rief er. »Prima Heiße!«

Das Geschäft ging flott. Es ging zu flott, es florierte.

Eines Tages kam das Finanzamt.

»Warme Würstchen gefällig?« fragte Max Beilhack.

»Nein. Ihre Geschäftsbücher.«

»Mit Senf oder ohne Senf?« fragte Max Beilhack munter.

Ihm konnte keiner. Die Bücher stimmten. Soundso viele Würste eingekauft, soundso viele Würstchen verkauft. Die Rechnung ging glatt auf.

Was nicht eingeschrieben wurde, stand nicht in den Büchern.

»Ihre Wurstrechnungen?«

»Hier. Nach dem Datum geordnet.«

»Ihre Brotrechnungen?«

»Da. Nach dem Bäcker geordnet.«

»Und wo ist der Senf?«

Senf gilt als Spesen. Spesen sind die Seele vom Geschäft. Je höher die Spesen, desto niederer die Steuer. Max hatte jeden Topf, jedes Pfund aufgeschrieben. Er brachte die dicke Mappe.

»Alles Senfrechnungen?«

»Alles Senf, meine Herren!«
»Können wir die Rechnungen mitnehmen?«
»Mit Vergnügen, meine Herren!«
Nach acht Tagen kamen die Beamten abermals. Sie brachten den Polizeiarzt mit.
»Ihre Wurstbude wird geschlossen!«
»Ihr Götter! Warum?«
»Sie schaden der Volksgesundheit!«
»Ich? Womit?«
»Mit Ihrem Senf! Nach Ihren Steuerunterlagen hat vergangenes Jahr jeder Kunde bei Ihnen zu einem Paar Würstchen über ein Pfund Senf verzehrt. Das ist höchst ungesund.«
Max Beilhack stand da wie das leibhaftige schlechte Gewissen.
Er war blaß und bebte.
»Was — was soll ich denn jetzt tun?« stotterte er.
Da sagten die Beamten, verständnisvoll:
»Ganz einfach. Mehr Würstchen in den Senf geben und in Ihre Umsatzsteuererklärung.«

Ich suchte eine neue Sekretärin. Meine letzte hatte der Teufel geholt. Ich hatte es ihr hundertmal gewünscht.
»Daß dich der Teufel hole!«
Darauf tat er es, und ich saß da.
Diesmal wollte ich eine besonders kluge Sekretärin. Eine Sekretärin mit guter Allgemeinbildung. Man tut sich beim Diktat leichter. Auch für das allgemeine Ansehen ist es gut.
»Wie gescheit ist schon die Sekretärin!« sagen sich die Leute, »wie klug und intelligent muß dann erst der Chef sein!«
Ich schrieb den Posten aus.
Die erste Bewerberin trat ein.
Sie war hübsch und anmutig.
»Ich hatte Pech mit meiner letzten Sekretärin«, sagte ich, »sie war dumm wie Bohnenstroh. Deswegen suche ich diesmal eine kluge und intelligente Sekretärin. Die Arbeit macht mehr Spaß, wenn auch der andere über eine gewisse Allgemeinbildung verfügt. Ich möchte darum vorher drei Prüfungsfragen an Sie richten.«
»Bitte. Gern.«
»Wie heißt die Hauptstadt von Norwegen?«
»Kopenhagen.«
»Leider nein. Es ist Oslo. Aber man irrt sich da gern.

Eine zweite Frage: An welchem Leiden litt Beethoven?«
Sie zögerte. Sagte dann:
»Er hatte nie Geld.«
Ich verschluckte meine Antwort.
»Was verstehen Sie unter einem Fjord?«
»Eine bekannte Automarke.«
»Nein. Die Automarke heißt Ford. Ein Fjord ist ein Einschnitt des Meeres ins Land mit steilen Uferwänden«, sagte ich und erhob mich, »ich kann mich im Moment noch nicht entscheiden, liebes Fräulein — ich treffe meine Entscheidung schriftlich — Ihren Namen habe ich notiert — Sie hören von mir . . .«
Die zweite Sekretärin war eine Hochblondine.
Sie kam direkt von der Schönheitsköniginnenwahl. Sie hatte verloren.
»Der Posten verlangt gewisse Ansprüche«, begann ich, »ich möchte daher zuvor drei Prüfungsfragen an Sie richten, wenn es Ihnen recht ist.«
»Bitte!« sagte sie, »nur zu!«
»Wer ist der Komponist der Lustigen Witwe?«
»Mozart!«
»Nein. Mozart schrieb die Zauberflöte. Wissen Sie zufällig, von wem der Text der Zauberflöte ist?«
Ihre Augen leuchteten strahlend auf.
»Von Ralph Maria Siegel!«
Ich versuchte eine dritte Frage:
»Was ist eine Windhose?«
»Eine Art Strandhöschen für heiße Tage.«
Die dritte Bewerberin wartete im Vorzimmer.

Ich bat sie herein. Mir verschlug es die Rede.
Sie sah aus wie ein Märchen.
Mir blieb der Verstand stehen.
Ich konnte nur stumm auf einen Stuhl deuten.
Mein Adamsapfel ging rauf und runter. Ich spürte es deutlich.
Zum Teufel mit den dummen Fragen!
Sie war ohne Fragen engagiert.
»Mein Fräulein«, sagte ich, »Sie sind —«
Sie winkte ab.
»Ich hatte Pech mit meinem letzten Chef«, sagte sie, »er war dumm wie Bohnenstroh. Deswegen suche ich diesmal einen klugen und intelligenten Chef. Die Arbeit macht mehr Spaß, wenn auch der andere über eine gewisse Allgemeinbildung verfügt. Ich möchte darum gern drei Prüfungsfragen an Sie richten.«
Ich saß starr und beklemmt.
»Bitte!« sagte ich tonlos.
»Wann und wo wurde Goethe geboren?«
»In Weimar!« stotterte ich. »Die Jahreszahl ist mir entfallen.«
»1749 und außerdem in Frankfurt. Die zweite Frage: Auf welcher Insel lebte Robinson?«
»Auf Crusoe!« stieß ich aufgeregt hervor.
Ich wußte sofort, daß es falsch war.
»Auf Masatiera in der Gruppe der Fernandezinseln!« wurde ich belehrt, »jetzt eine dritte und leichtere Frage: Was ist eine Tonsur?«
»Das, was ich da oben habe!«

»Nein ... Sie haben eine ganz gewöhnliche Glatze!« sagte das schöne Mädchen und erhob sich. »Ich kann mich im Moment noch nicht entscheiden — ich treffe meine Entscheidung schriftlich — Ihre Adresse habe ich notiert — Sie hören von mir ...«
Draußen war sie. Ich aber saß da, aller Hoffnungen beraubt, und engagierte die Nächstbeste, für die die Blaue Grotte ein Bierlokal war, die mit der Orthographie in bitterer Feindschaft lebte und die alle Minuten in mein Zimmer kam, da sie ihr eigenes Stenogramm nicht lesen konnte.

Ein Ehemann wäscht das Geschirr

Bei Bertelmanns war Familienkrach.

Das schon am hellen Morgen.

»Meine Tasse hat eine Scharte!« rief der Vater.

»So winzig!«

»Glaubst du, ich will mir die Lippen zerschneiden?«

Ein eheliches Gespräch, am morgendlichen Kaffeetisch geführt. Das kommt in allen Familien vor. Wo bleiben ein Leben lang die Teller und Tassen ohne Sprung und ohne Scharte? Silberne Löffel und silberne Gabeln halten ewig, Porzellan aber ist wie eine Blume. Die Blume blüht und verblüht, man hat seine Freude an ihr und mehr fürs Geld, als sie kostet. Man hat seine Augenweide. Aber dann fällt einmal beim Geschirrspülen ein Teller hinunter, beim Abtrocknen hat man plötzlich den Henkel einer Kaffeetasse solo in der Hand, der blumengekrönte Deckel rutscht beim Einschenken von der Kaffeekanne und schlägt von der Untertasse ein Stück heraus, diesmal bleibt der Henkel ganz, beim nächsten Mal bleibt die Untertasse ganz und dafür bricht die krönende Rose vom Deckel herunter – das Lied vom Porzellan hat viele Strophen, der Tochter des Hauses rutscht beim Servieren das Tablett aus der Hand, die Katze nascht Milch und richtet ein Malheur an, ein kleines Kind hat vom klugen Vater einen Hammer als Spielzeug bekommen – schaut euch doch das Geschirr in den

Wohnungen ringsum im Lande an. Der Refrain ist immer derselbe und auch der Kontrabaß des Vaters:
»Ich hasse angeschlagenes Geschirr auf dem Tisch! Ihr haust wie die Vandalen! Mir ist noch nie etwas zerbrochen!«
Worauf die Mutter, die Gute, sagt:
»Schreibt denn das keiner auf, was du so daherredest, Heinrich? Dir kann ja auch nichts zerbrechen. Du trinkst ja nur aus der Tasse, du löffelst ja nur aus dem Teller. Wir aber müssen das Geschirr hereintragen, hinaustragen, einschenken, abwaschen, abspülen, trocknen, blank reiben, polieren, zusammenstellen, in den Schrank richten, aus dem Schrank herausnehmen, Teller anwärmen, Tassen vorwärmen, hineintragen, aufdecken, täglich zweimal, dreimal, viermal —«
»Schnattere nicht wie eine aufgeregte Ente«, entgegnete der Ehemann. »Paß lieber in Zukunft besser auf das Geschirr auf. Sonst exerziere ich es dir vor.«
»Vorexerzieren? Wie meinst du das?«
Da sagte der Ehemann, und bei diesem Vorschlag verließen ihn alle guten Götter: »Dann spüle ich einmal vierzehn Tage lang das Geschirr ab und decke den Tisch — ich könnte meinen Kopf verwetten, daß da nichts zerbricht!«
»Topp!« rief die Frau schnell. »Es gilt!«
Es galt. Heinrich Bertelmann hielt Wort, das Wunder geschah. Vierzehn Tage lang deckte er den Tisch, vierzehn Tage lang trug er das Geschirr und die

Gläser herein und hinaus, wusch ab, spülte ab, trocknete ab, rieb blank, polierte, schlichtete alles in den Schrank, holte alles wieder heraus, wärmte die Tassen an, wärmte die Teller an, trug hinein, schenkte ein — und nicht ein einziges Stück nahm Schaden, kein Teller zeigte einen Sprung, keine Schüssel eine Scharte, das Geschirr war am letzten Tag so heil wie am ersten. Die ganze Familie stand staunend und bewunderte stolz ihren Vater. Männer sind eben doch bessere Hausfrauen. Wer so mit gutem Beispiel vorangeht, kann erwarten, daß andere diesem Beispiel folgen. Der Vater nahm das Lob als ihm gebührend entgegen.

»Seht ihr, daß es auch *so* geht?« sagte er.

»Wir bewundern dich, Vater.«

Eines Nachmittags nun war er im Geschäft. Denn das tat er ja auch noch außerdem. Wie es nun der Zufall so wollte und wie das Leben so spielt, hatte die Hausfrau einen Kuchen gebacken, holte einen großen Teller hervor, vom abgezählten Dutzend, um den Kuchen daraufzulegen, und klicks, der Teller fiel hinunter und zerbrach.

»Ach, du meine Güte!« rief sie erschrocken, »einmal nehme ich jetzt einen Teller in die Hand, und schon zerbricht er mir — wie stehe ich jetzt vor meinem Mann da, der nichts zerbricht, ich schäme mich ja in den Boden hinein — was wird er dazu sagen?«

Jede Frau hat einen gesegneten Verstand. Wozu sich einer ehelichen Auseinandersetzung stellen, wenn man einen neuen Teller kaufen kann? Gedacht, kaum überlegt und schon getan. Sie wickelte die Scherben in ein Papier und eilte hinunter auf die Straße, wo um die Ecke ein kleiner Laden war. Vielleicht hatte sie Glück und er führte gerade dieses Muster, denn so schlau war sie beim Einkauf gewesen, ein Geschirr zu nehmen, wo man bei Bedarf nachkaufen kann, also ein ewiges Service, wie man sagt. Aber der Laden um die Ecke war klein und seine Auswahl nicht groß.

»Ich brauche einen einzelnen großen Teller«, sagte Frau Bertelmann zu dem Verkäufer.

»Ein bestimmtes Muster?«

»Ich habe den zerbrochenen mitgebracht.«

Sie wickelte die Scherben aus dem Papier.

»Ein schönes, aber sehr ausgefallenes Muster«, sagte der Verkäufer, »es wird höchst selten verlangt.«

Die Hausfrau dachte an ihren Mann und begann zu seufzen:

»Sie führen es also nicht?«

»An sich nicht, meine Dame. Aber Sie haben Glück«, sagte der Verkäufer, »wir haben uns das Geschirr auf Wunsch eines neuen Kunden zugelegt. Der Kunde kommt fast täglich und hat seit vierzehn Tagen elf Tassen, acht Untertassen, sieben große Teller, vier kleine Teller, eine neue Kaffeekanne und eine neue Suppenterrine abgeholt, um jeweils sein Service zu ergänzen. Im Vertrauen, er muß zwei linke Hände haben, daß er täglich so viel zerbricht.«

Frau Bertelmann mußte zweimal schlucken, ehe sie hervorbrachte:
»Wissen Sie zufällig den Namen des Kunden?«
»Ja«, sagte der Verkäufer arglos, »es ist ein gewisser Bertelmann, gleich hier um die Ecke. Heinrich heißt er mit Vornamen.«

Ein seltsamer Fahrgast

Ich kannte ihn nicht, obwohl er mir irgendwie vertraut war. Er stand neben meinem Wagen, als ich einstieg, und sagte: »Sie nehmen mich doch mit?« Er sagte es so selbstverständlich, daß ich nicht einmal erstaunt aufsah und ihn bat, einzusteigen. Seit diesem Tag fährt er immer mit mir. Er will an kein Ziel, er will offensichtlich nur Auto fahren und neben mir sitzen. Wenn wir heimkommen, steigt er aus, zieht seinen Hut, sagt danke schön und geht seiner Wege.

Vielleicht fahre ich, seitdem ich einen ständigen Begleiter im Auto habe, ein wenig vorsichtiger und riskiere auch beim Überholen weniger. Ich möchte nicht, wenn es einmal schiefgeht, mich hinterher vor ihm verantworten. Er hat etwas so Respektierliches an sich. Natürlich gibt es trotzdem Schrecksekunden, ein Motorradfahrer kommt wie ein Verrückter von rechts aus einer engen Gasse herausgeschossen, oder ein Kind reißt sich von der Hand der Mutter los und läuft über die Straße. Gestern auf einer glitschigen Straße bremste ein entgegenkommender Lastwagen, und sein Anhänger kam ins Schleudern. Es hätte nicht mehr als ein Haar, eine Hühnerfeder zwischen uns Platz gehabt, ich hatte 120 drauf, es war eine freie Straße, und dann passiert dies. Nicht einen Pfennig hätte ich für mein Leben mehr gegeben. Aber es ging gut vorüber.

Als mein Herz wieder schlug, sagte ich zu meinem täglichen Fahrgast: »Es hätte leicht schiefgehen können.«
Er nickte mir zu: »Bedanken Sie sich bei Ihrem Schutzengel!«
Mit der Zeit machte mich der Mann doch nervös. Ich konnte keine Fahrt antreten, ohne daß er schon dastand und bat, mitgenommen zu werden. Rollte ich meinen Wagen aus der Garage, bog er wie verabredet um die Ecke, hob seine Hand und stieg ein. Eines Morgens aber war er nicht da. Ich war schon so an seine Gegenwart gewöhnt, daß ich eine Viertelstunde wartete, ob er nicht doch noch kommen würde. Da sah ich ihn, auf der anderen Seite der Straße. Er stieg gerade in einen neuen Wagen ein, den eine junge Dame lenkte.
»He!« rief ich hinüber. »Haben Sie etwas Besseres gefunden? Warum fahren Sie heute nicht mit mir?«
»Die junge Dame hat mich heute früh angerufen.«
»Haben Sie denn Telefon?«
»Nein«, sagte er, »sie hat mich nicht direkt angerufen. Es ist mir ausgerichtet worden. Sie hat — ich weiß nicht, ob Sie das über die Straße hinweg verstehen — heute früh gebeten: »Lieber Gott, schick mir einen Schutzengel, wenn ich das erstemal mit Vaters Wagen allein ausfahre —«
Erst dachte ich, er wollte sich einen Jux mit mir machen. Aber dann verstand ich.
»Wer sind Sie denn?« fragte ich.

Er sagte: »Ein Schutzengel.«
Da nickte ich traurig, weil mir zum Bewußtsein kam, daß mich mein Schutzengel verlassen hatte, und ich fuhr von diesem Tage an doppelt vorsichtig, und wenn man sich dessen immer bewußt ist, vermeidet man doch manches, wozu man sonst einen guten Schutzengel braucht, um am Abend wieder heil und gesund nach Hause zu kommen. Aber ich glaube, manchmal sitzt er doch neben mir, ohne daß ich ihn sehe, denn ohne Schutzengel kommt im heutigen Straßenverkehr keiner mehr durch, wenigstens sage ich mir oft: da hat wieder einmal mein guter Schutzengel geholfen ...
Die junge Dame in dem neuen Wagen ist übrigens meine Tochter. Es ist ein beruhigendes Gefühl für mich, zu wissen, er sitzt neben ihr.

Da lebte nun schon seit Wochen in einem der Ersten Hotels des Nordseebades in Holland ein junger Mann von vorbildlicher Lebensart und angenehmem Äußeren, nicht unvermögend. Er lebte sehr zurückgezogen, soweit dies in einem Seebad zur Ferienzeit möglich ist. Der unbekannte junge Mann nun hatte vor Tagen ein junges Mädchen erblickt, das ihr neunzehntes Lebensjahr kaum hinter sich gebracht haben dürfte. Es war von einem eindrucksvollen Liebreiz, von einer geradezu nachweisbaren Hübschheit, daß unser junger Freund einfach nicht wegzusehen vermochte, und als ihm der Oberkellner des Restaurants eines Tages vorschlug, seinen gewohnten Tisch aufzugeben, da durch die Abreise eines Gastes ein Fenstertisch freigeworden sei, er diesen Vorschlag freudig aufnahm und somit jetzt an den Nebentisch ebenjener jungen Dame zu sitzen kam, die dort ihre Mahlzeiten mit ihrer Mutter einnahm. Fast konnte es den Anschein erwecken, als wäre der Tischwechsel nicht ohne eine vorangegangene vertrauliche Aussprache der Mutter mit dem Oberkellner erfolgt, jedenfalls erwiderte die Mutter den Gruß ihres neuen Tischnachbarn so überaus liebenswürdig und wandte sich auch nicht sogleich zu ihrem Teller zurück, daß dem jungen Herrn zu seiner Freude nichts anderes übrigblieb, als ein paar Worte an sie zu richten.

»Ich hoffe, ich nehme Ihnen nicht allzuviel von Ihrer Aussicht weg«, sagte er.
»Keineswegs«, sagte die Mutter, »bisher war dieser Tisch von drei Personen besetzt, einer Familie sans gêne — der Sohn wagte sogar, meiner Tochter Julia eine Segelpartie anzutragen, eine ridicule Anmaßung.«
Unser junger Freund blickte stumm in die mit großen Gesten begleitete Empörung der Mutter, dann nahm er mit einer nochmaligen Verbeugung an seinem Tisch Platz und wählte von den drei Stühlen jenen, von dem er nach rechts den Blick zum Meer hinaus und geradeaus in das Gesicht der lieblichen jungen Dame hatte, die Julia hieß. Er behielt auch diesen Platz in den nächsten drei, vier Tagen bei, was zur Folge hatte, daß die Mutter jenes Mädchens, die zuvor mit dem Rücken zu ihm saß, am fünften Tag ihren Platz wechselte und sich neben ihre Tochter setzte, weil sich manches kleine Gespräch zwischen den Tischen ergab und es für eine Dame, die seit Jahren zu den Kunden einer teuren Miedermacherin gehört, lästig ist, sich während der Rede und Gegenrede jedesmal umdrehen zu müssen. Interessanterweise wurde die abgeschlagene Segelpartie am fünften Tage wieder der Ehre gewürdigt, abermals ins Gespräch gezogen zu werden und damit den Boden für ein paar Fragen und Antworten zu bilden.
»Was haben Sie diesem unverschämten Burschen geantwortet?« fragte er.
»Ich tat, als hätte ich es überhört.«

»Eine vortreffliche Antwort.«
»Außerdem kann Julia nicht schwimmen.«
»Was jeder Segelpartie auf hoher See ein gewisses Risiko verleiht«, antwortete unser junger Freund, dann erst kam die Tatsache und die sich daraus ergebende gute Gelegenheit ihm zum Bewußtsein, und er wiederholte die erhaltene Antwort als Frage:
»Ihre Tochter kann nicht schwimmen?«
»Julia hat es nie gelernt.«
»Möchte sie es denn lernen?«
»Es kann nie schaden«, antwortete die Mutter, »nur ist es ihr rein körperlich und mir schon beim bloßen Zuschauen horribel, in einem Leinengurt das Schwimmen zu erlernen.«
Julia hatte zu alledem bisher nichts gesagt. Sie hatte in den fünf Tagen ihrer Bekanntschaft gelegentlich einmal genickt, auch einmal gelächelt, jetzt aber sagte sie geradeheraus:
»Mama meint, ob Sie mir nicht das Schwimmen beibringen könnten?«
»Julia und ich haben Sie oft vom Boot aus bewundert«, ergänzte die Mutter. »Sie haben einen vorzüglichen Stil. Sie müssen sich im Wasser zu Hause fühlen.«
»Besser, Madame, was das sich Fühlen betrifft«, sagte der junge Mann. »Ich fühle mich daheim sehr einsam, und hier genieße ich doch immerhin vorzügliche Gesellschaft, wenn auch nur vom Boot aus. Wenn Sie mir nun den Vorzug geben, Ihre Tochter in einer Kunst zu unterweisen, die es ihr später er-

möglicht, mit anderen Männern meines Alters Segelpartien zu unternehmen . . .«

»Sie greifen damit unseren Gedanken weit voraus«, antwortete die Mutter, »meine Tochter Julia liebt den Wind auf hoher See genausowenig wie die jungen Männer, die ihn einfangen müssen, um voranzukommen . . . wir sind weit davon entfernt, an eine Segelpartie auf fremden Booten zu denken, solange es uns die Verhältnisse nicht gestatten, daß wir die Gastgeber sind und ein eigenes Boot besitzen. Julias Vater ist vor Vollendung seiner Lebensaufgabe gestorben, mir und meiner Tochter ein sorgloses Leben zu ermöglichen.«

Julia ergänzte: »Mit anderen Worten: wir haben nicht viel Geld.«

»Aber doch immerhin so viel, um uns mit Bedacht auszuwählen, mit wem wir unsere Tage verbringen«, verbesserte die Mutter, »wenn Sie nun Julia die mir gern zugestandene Freude bereiten wollen, sie zu einer Stunde, wo der Strand nicht allzu belebt ist, in die Anfangsgründe des Schwimmens einzuweihen . . .«

»Wollen Sie sich mir anvertrauen, Julia?«

»Unter einer Bedingung: keinen Schwimmgürtel!«

»Ich werde Sie auf meinen Händen tragen.«

»Mein Gott, wie poetisch!« sagte die Mutter. »Aber wenn Julia wirklich schwimmen lernen soll, wie sollen Sie es anders machen?«

Es war an einem Sonnabend, als drei Menschen das Strandhotel verließen: Julia, ihre Mutter und jener

unbekannte junge Herr. Sie befanden sich alle drei in jenem glücklichen Zustand, der einer Hochzeit vorauszugehen pflegt. Julia, jetzt des Schwimmens kundig, das der junge Herr ihr mit viel Geduld und noch mehr Beglückung beigebracht hatte, trug ein einfaches, graues Flanellkostüm, dessen einziger Aufputz ein kostbares Schmuckstück war, der erste Buchstabe ihres Namens, aus Brillanten zusammengesetzt. Es war eine Morgengabe unseres jungen Freundes am Abend der Verlobung gewesen. — Wir können jetzt die drei guten Herzens zum Flugplatz hinausbegleiten. Nach menschlicher Voraussicht steht ihrem Glück nichts mehr im Wege. Wir winken dem Flugzeug nach, wünschen ihnen eine gute Heimreise, das Flugzeug verschwindet in den Wolken, und wir kehren in das Hotel für eine letzte Nacht zurück, um am nächsten Morgen durch eine Radiodurchsage von einer interessanten Tatsache überrascht zu werden:
In dem von unserem Schauplatz nur zwanzig Kilometer entfernten Nordseebad N. fand am Sonntag die internationale Schwimmeisterschaft für Damen statt. Die unbestrittene Favoritin dieser sportlichen Ausscheidung, die schon im Vorjahr die Trophäe fast kampflos nach Hause getragen hatte, die neunzehnjährige Holländerin Julia Hessenkamp, trat wider Erwarten nicht zum Start an. Sie war, wie man erfuhr, am Vorabend mit ihrer Mutter und einem jungen Herrn aus reicher Familie, den sie in dem benachbarten Nordseebad S. kennengelernt hatte, abgereist.

Der Maler

Wir hatten den Maler bestellt. Er sollte die Fensterrahmen streichen. Das war schon vor Wochen gewesen, und der Maler war immer noch nicht erschienen. Man kennt das alte Lied.

Eines Morgens mußten wir nun über den ganzen Tag etwas erledigen und verließen die Wohnung. Zurück blieb allein der Papagei. Wie es nicht anders sein kann, an diesem Tag kam der Maler. Er stieg mit Pinsel und Farbtopf die drei Stockwerke hinauf und läutete an der Tür.

»Wer ist da?« rief der Papagei.

»Es ist der Maler«, sagte der Maler.

Er lauschte und wartete vor der Tür. Da er keine Antwort bekam, stieg er die drei Stock mit dem Pinsel und seinem Farbtopf wieder hinunter.

Eine Stunde später versuchte er sein Glück abermals. Er stieg mit Pinsel und Farbtopf die drei Treppen zum zweitenmal empor und läutete.

»Wer ist da?« rief der Papagei.

»Es ist der Maler.«

Wieder rührte sich nichts.

Der Maler läutete abermals.

»Wer ist da?«

»Es ist der Maler.«

Weiter geschah nichts. Der Maler stieg zornig hinunter.

Das wiederholte sich im Laufe des Tages, an dem wir nicht zu Hause waren, noch dreimal. Als der Maler mit Pinsel und Farbtopf zum sechstenmal hinaufstieg, läutete es zum siebentenmal an der Tür. Einmal hatte er zweimal geläutet.

»Wer ist da?« rief der Papagei.

»Es ist der Maler«, sagte der Maler.

Er sagte es wütend und donnerte mit der Faust gegen die Tür.

»Wer ist da?«

»Es ist der Maler!«

Tiefe Stille.

Blindwütend vor Zorn und sich auf den Arm genommen fühlend, machte der Maler kehrt, raste die Treppen hinunter, verfehlte blind vor Wut eine Stufe, überschlug sich mit Pinsel und Farbtopf und brach sich ein paar Rippen.

Fünf Minuten später kamen wir zurück.

Wir sahen den fremden Mann auf der Treppe liegen.

Kitty schrie entsetzt auf:

»Wer ist das?«

Da rief der Papagei aus der Wohnung:

»Es ist der Maler!«

Der antike Tisch

Thomas Tazette lebte das bescheidene Leben eines Holzwurmes. Er bohrte kleine Löcher in neue Möbel, bis sie fast zusammenfielen, und er verkaufte sie dann für teures Geld als antik. Thomas Tazette hatte einen kleinen Laden in einer stillen Gasse, und da er die Scheiben seiner Schaufenster nie putzte, galt er mit der Zeit als ernstzunehmender Händler für antike Stücke. Seine Werkstatt befand sich in einem kleinen Hinterzimmer des Geschäftes. Eines Tages trat ein Herr in den Laden.

»Ich heiße Solebemann«, sagte er, »ich suche einen Tisch, an dem Napoleon gesessen hat. Sie als Antiquitätenhändler kennen ja sicher derartige Tische. Sie haben die auffallende Eigenschaft einer besonders breiten Tischplatte. Wissen Sie Bescheid?«

»Selbstverständlich.«

»Können Sie mir einen derartigen Tisch verschaffen?«

»Ich weiß einen ganz prächtigen und eigenartigen Tisch aus dem Besitz Napoleons«, antwortete Tazette, »er befindet sich heute in der Villa eines meiner besten Kunden. Vielleicht verkauft er ihn.«

»Ich bezahle bis zu ...«, sagte der Fremde und ging.

Kaum hatte er den Laden verlassen, machte sich Thomas Tazette an die Arbeit. Er kaufte einige Bretter und Pfosten aus einem aufgelassenen Bau zu Demolierungspreisen, erweiterte künstlich die Risse, glättete die vom Regen verwitterte Oberschicht, bohrte die von dünnen Nägeln zurückgelassenen Löcher aus, goß Nußöl darüber, beizte, leimte, hämmerte, rieb, polierte, lackierte, kratzte den Lack wieder heraus und schnitzte an dem Holz herum, bis ein Tisch in der kleinen Werkstatt stand, bei dem auch Napoleon sich nicht erinnert hätte, an ihm nicht gesessen zu haben. Der Tisch schimmerte in der Patina seiner hundertdreißig Jahre, breit lag die rissige Platte über ihm und strahlte die Persönlichkeit des Mannes aus, der vor Menschenaltern hier gesessen hatte. Es gab auf der ganzen Welt keinen Tisch, der authentischer hätte sein können, und jeder andere Tisch dieser Zeit schien zu ihm wie eine plumpe Nachahmung.

Tazette benachrichtigte Herrn Solebemann, der sofort eintraf.

»Sie haben ihn?«

Thomas Tazette führte den Besucher geheimnisvoll durch die enge Tür in den hinteren Raum. Der Tisch stand groß und prächtig da. »Ich habe ihn mit Mühe vor einer Stunde gekauft und sofort in diesen Raum bringen lassen«, sagte Tazette, »wie gefällt er Ihnen?«

Solebemann nickte befriedigt. »Mein Wagen steht draußen. Wollen Sie mir den Tisch hinausbringen?«

»Sehr gern.«

Thomas Tazette faßte den Tisch, um ihn hinauszutragen. Aber es blieb ein vergebliches Bemühen. Der Tisch ging nicht durch die schmale Tür. Er war zu breit, und Tazette konnte ihn drehen und wenden, wie er wollte, es war unmöglich. Der Fremde schüttelte den Kopf:

»Seltsam! Wie haben Sie ihn denn heute früh hereinbekommen?«

»Ich — ja — aber«, stotterte Tazette, »ein Irrtum.«

Solebemann lächelte boshaft: »Dieser Irrtum würde Sie Gefängnis kosten, wenn ich Sie anzeige. Aber ich habe gar nicht die Absicht. Ich bin mit Ihrer Arbeit sehr zufrieden. Sie werden ab heute immer für mich arbeiten. Nur mit dem Unterschied, daß ich jetzt die Preise festsetze und Ihnen nur Ihren normalen Arbeitslohn bezahle. Sollten Sie jedoch jemanden finden, der Ihnen ebenfalls in einer kleinen Werkstatt mit einer so engen Tür besonders breite antike Möbelstücke arbeitet, so bin ich gern bereit, Sie an diesem Geschäft zu beteiligen.«

Ein Schutzmann, den wir nach dem Weg fragen, gibt anders Auskunft als ein Bürger, den wir auf der Straße darum ansprechen.

Am Postschalter empfinde ich die Liebenswürdigkeit eines Beamten, der mir eine Briefmarke verkauft und auf fünf Mark ohne zu murren herausgibt, dankbarer als bei der Gemüsefrau. Gibt mir ein Beamter der städtischen Elektrizitätswerke einen Rat über den verbilligten Nachtstrom, bin ich beglückt, bei einem Elektriker im Ladengeschäft nehme ich den Rat als selbstverständlich entgegen.

Neulich ging ich auf eine Behörde. Ich wollte eine Gebühr bezahlen und landete auf der Suche nach dem Zimmer, das für mich zuständig war, vor einer Tür, auf der zu lesen stand:

»Herein, ohne zu klopfen!«

Ich weiß nicht, wer es schon einmal gewagt hat, diesem Schild Folge zu leisten und einzutreten, ohne zu klopfen. Ich wage es nicht. Das mindeste, was geschieht, ist ein äußerst verwunderter Blick des Beamten, ein stummer Vorwurf, und noch nie ist einer, der eintrat, ohne zu klopfen, nach seinem Begehr gefragt worden. Er muß warten. Er muß lange warten. Wagt er, seinen Mund zu öffnen, bevor er gefragt wird, muß er noch länger warten. Er wird aber nicht gefragt. Dabei brennt ihm die Frage auf der Zunge, ob er überhaupt im rechten Zimmer ist. Ich habe mir daher zur Regel gemacht, anzuklopfen und zugleich einzutreten. Denn umgekehrt geht es auch wieder nicht. Klopft man nämlich, ohne einzutreten, ertönt nicht ein »Herein!« Klopft man nach einer Minute des Lauschens zaghaft ein zweites Mal, ergeht es uns ebenso. Es bleibt alles so, als ob wir nicht geklopft hätten. Jetzt ist der Augenblick gekommen, wo wir unsicher werden, ob überhaupt jemand hinter der Tür ist. Man faßt allen Mut zusammen und klopft ein drittes Mal, diesmal etwas energischer. Man ist überzeugt, es ist keiner im Zimmer. Da aber schießt schon einer, als ob er nur darauf gewartet hätte, aus der Tür heraus, deutet auf das Schild und schreit: »Können Sie nicht lesen?!« Das Wort Hornochse verschluckt er. Dann schlägt er uns die Tür vor der Nase zu, und wir sind so klug wie zuvor. Treten wir nun ein, ohne anzuklopfen, empfängt uns der berühmte verwunderte Blick des Beamten, und wir müssen warten. Wir müssen diesmal doppelt so lange warten, denn der Beamte ist doppelt verärgert. Einmal deswegen, weil wir eingetreten sind, ohne anzuklopfen, und weil wir geklopft haben, ohne einzutreten. Ich habe mir darum angewöhnt, wo ich so ein Schild finde, stets beides zugleich zu tun, anzuklopfen und einzutreten. Die Nuance, die Tür zu öffnen, den Kopf hereinzustecken und mit der Hand von draußen zu klopfen, ist die gnädigste. Es ist von allen Übeln das kleinste.

»In solchen Fällen rufst du immer einfach die Telefonnummer des Königs an«, sagte ich.
»Weißt du die Telefonnummer des Königs, Papa?«
Ich gab sie meinem sechsjährigen Töchterchen.
»79 62 01«, sagte ich, »wenn du einmal nicht weiterweißt und einen Kummer hast, den du deinen Eltern nicht sagen willst, auch wenn du etwas angestellt hast und in der Patsche sitzt, ruf den guten König an, er weiß dir bestimmt Rat.«
»Fein, Papa!« sagte die Sechsjährige.
»Kann ich ihn auch nachts anrufen, wenn alle Menschen schlafen?«
»Nein«, sagte ich, »nachts schläft der König. Du kannst ihn unter dieser Nummer nur von neun Uhr bis nachmittags fünf erreichen.«
»Schreib mir bitte die Nummer auf, Papa.«
Ich tat es. Ich schrieb ihr meine Büronummer auf, die mich allein erreichte, meinen Dienstanschluß.
»Da! Verwahr sie gut!«
»Danke, Papa!«
Als guter Vater macht man manchmal ein Experiment. Kinder erzählen daheim nicht alles den Eltern, und man weiß oft nicht, was ihr kleines Herz bedrückt. Wir stehen dann als Väter oft recht hilflos da, und so erfand ich das Märchen von der Telefonnummer des Königs, die die meine war. Und richtig, schon am

nächsten Tag hörte ich im Telefon die überaus aufgeregte Stimme meines Kindes.
»Hallo! Ist dort der König?«
»Ja«, sagte ich mit verstellter Stimme, »wer will den König sprechen?«
»Ich.«
»Sagst du mir nicht deinen Namen?«
»Christinchen heiße ich, und wie heißt du?«
»Der König«, antwortete ich, »ich habe sonst keinen Namen, ich bin eben der König. Hast du etwas auf dem Herzen?«
»Ja, ich . . .«
Die Stimme auf der Gegenseite versagte. Ich fühlte förmlich das aufgeregte Herzklopfen meines geliebten Kindes. Denn mit dem König zu telefonieren, das ist schon eine Sache.
»Du brauchst keine Angst zu haben, Christinchen. Uns hört keiner zu. Sag deinem guten König, was dich bedrückt.«
Ich sah, trotzdem ich es nicht sah, wie sie den Telefonhörer mit ihren kleinen Händen ganz fest preßte.
»Ach, guter König«, sagte sie dann, »du bist doch so allmächtig, bitte, sag meinem Papa, daß ich keine Suppe vertrage. Mir wird immer ganz schlecht, wenn ich meine Suppe aufessen muß. Mein Papa sagt, Suppe macht groß und stark, aber mich macht sie schwach. Bitte, glaub's, König! Kannst du das meinem Papa nicht erklären?«
Ich räusperte mich, daß es so klang, als ob der König

nachdächte, dann sagte ich: »Dein Papa hat ganz recht. Alle meine Untertanen essen ihre Suppe auf.«

»Du auch, guter König?«

»Ich auch, Christinchen.«

»Aber mit dir kann doch keiner zanken, wenn du sie nicht aufißt! Oder bekommst du eine bessere Suppe, eine Königssuppe vielleicht?«

»Ich bekomme jeden Tag die gleiche Suppe wie du, Christinchen«, sagte der König, »kein Mensch kann allein von Fleisch und Braten satt werden, auch der König nicht. Wenn du in Zukunft deine Suppe ißt, so denke daran, daß auch ich gerade auf meinem goldenen Throne meine Suppe löffle und es genau die gleiche Suppe ist wie deine — paß auf, dann schmeckt sie dir gleich viel besser.«

Seitdem aß Christinchen immer ihre Suppe brav auf. Sie hatte mir nichts von dem Telefongespräch mit dem König erzählt, aber sie war ein wenig verwandelt, sozusagen wie vom Adel, der Umgang mit dem König pflegt. Als sie begann, in die Schule zu gehen, rief sie ihren König öfters an und erzählte ihm alles, was sie auf dem Herzen hatte. Daß ein Schüler ihr im Schulhof ein Bein gestellt hatte, so daß sie hinfiel und sich ihr Knie aufschlug, oder wenn die Lehrerin sie getadelt hatte, und auch dies, daß ich sie eines Abends ins Bett schickte, weil ich sie bei einer Lüge ertappt hatte.

»Woher wußte denn mein Papa, daß ich ein wenig gelogen hatte?« fragte mein Töchterchen, noch keine sieben Jahre alt, ihren König.

»Ein Vater sieht dem Kind sofort an der Nasenspitze an, ob es lügt.«
»Ist denn Schwindeln so schlimm, guter König?«
»Ein Mensch muß immer die Wahrheit sagen, weil es sowieso herauskommt. Kein Mensch hat ein Kind lieb, das ihn anlügt.«
»Hast du mich jetzt auch nicht mehr lieb, guter König?«
»Du hast mich ja noch nicht angelogen!«
»Du kannst mich ja auch nicht bestrafen, deswegen brauch ich dich nicht anzulügen. Aber wenn ich daheim in der Küche heimlich nasche, muß ich doch der Mutti sagen, daß ich es nicht war. Dann bestraft sie mich nicht und glaubt, es ist unsere Katze gewesen.«
»Ihr habt eine Katze?« fragte der König überrascht, »wie heißt sie denn?«
»Muschi!«
»Liebst du sie?«
»Sehr!«
»Wenn nun deine Mutti glaubt, die Katze hat genascht, wo doch du es warst, so wird sie die Muschi eines Tages weggeben, denn niemand behält eine Katze, die in der Küche stiehlt. Hast du dir das schon einmal überlegt?«
»Nein«, sagte Christinchen, und ihre geliebte Stimme klang sehr weinerlich, »glaubst du wirklich, daß Mutti dies tun wird?«
»Bestimmt!«
»Dann werde ich nie wieder heimlich naschen, denn

Muschi ist so lieb und schnurrt so schön, sie schläft auch manchmal auf meinem Bett. Es wäre schrecklich, wenn Mutti sie weggeben würde . . .«

Meine Tochter Christine, die heute schon siebzehn ist, hat die Telefonnummer des Königs in ihrer Jugend aufbewahrt, auch als sie elf Jahre war, rief sie noch einmal den König an. Bestimmt glaubte sie längst nicht mehr an das Märchen, das ich ihr als Kind erzählt hatte. Aber wenn sie etwas durchsetzen wollte, was ich ihr abgeschlagen hatte, ein Fahrrad beispielsweise, dann wandte sie sich als letzten Ausweg an den König.

Und ihr König half auch meist und überredete den Vater.

Sechs Jahre hatte sie jetzt in meinem Büro, das ich früh um neun Uhr betrat und nachmittags um fünf verließ, nicht mehr angerufen. Nun ja, aus Kindern werden Leute, und ein guter König gehört zum alten Märchen. Ich hatte daheim gerade rechten Verdruß mit ihr. Christine hatte sich verliebt, und ich fand meine Tochter viel zu jung dafür und auch, daß der Bursche nicht der richtige Mann für meine Tochter war. Das gibt es bei Vätern oft, wir warten alle auf einen Prinzen für unsere Töchter. Peter aber war nur ein Held, und Helden, die überall siegen, haben Väter weniger gern als Schwiegersöhne. Vor allem aber war mir Christine noch zu jung, um sie jetzt schon zu verlieren. Ich weigerte mich also beharrlich, ihn kennenzulernen und im Hause zu empfangen. Es hatte da-

heim eine heftige Aussprache gegeben, die damit abschloß, daß ich sagte:
»Endgültig! Ich will diesen Namen in meinen vier Wänden nicht mehr hören!«
Daß meine Tochter heulend hinauslief und die Tür ein wenig heftiger hinter sich zuwarf, als es üblich ist, gehört zu diesen väterlichen Endgültigszenen. Wir sprachen seither nicht mehr miteinander, meine Tochter und ich, seit drei Tagen schon.
Heute läutete bei mir im Büro das Telefon.
»Ja?« meldete ich mich.
»Ist dort der König?«
Mir fiel fast vor Schreck der Hörer aus der Hand.
»Ja«, sagte ich, »der König. Wer will ihn sprechen?«
»Hier ist Christine«, sagte meine Tochter, »hilfst du mir heute noch, wenn ich dich brauche?«
»Natürlich helfe ich dir, wenn ich es vermag. Wo drückt der Schuh?«
Ich wußte, was kam. Es kam auch.
»Ich liebe Peter. Er gefällt Vater nicht. Kannst du nicht mit meinem Vater reden, daß er etwas duldsamer wird und Peter, den ich liebe, wenigstens Gelegenheit gibt, sich mit ihm auszusprechen?«
Ich dachte ein wenig nach, was ich sagen wollte. Dann sagte ich: »Ich kenne deinen Vater. Er liebt dich über alles. Er wird schon seine Gründe haben, warum er den jungen Mann nicht empfängt, von dem du dir einbildest, daß du ihn liebst.«
»Mag sein, guter König, daß du meinen Vater kennst.

Aber du kennst Peter nicht, den ich liebe. Sonst würdest du meinem Vater bestimmt nicht recht geben. Ich bin so verzweifelt, am liebsten ginge ich ins Wasser ...«

»Da würdest du aber sehr naß«, sagte der gute König, und seine Stimme war gar nicht mehr majestätisch, »wenn du so dumme Sachen erzählst, dann ruf deinen König nicht mehr an.«

»Du hast mir gesagt, ich soll immer anrufen, wenn ich nicht weiterweiß. Jetzt ist es soweit. Wenn du mir nicht hilfst, hilft mir niemand. Bitte, bitte, sprich mit Vater! Auf dich hört er!«

»Aber Kind, du bist doch erst siebzehn!«

»Ach, guter König, wenn der Richtige kommt, da kann man siebzehn sein oder siebenundzwanzig — meist kommt er doch, wenn man siebzehn ist —, denk doch nur an Julia und Hero, die waren auch nicht älter als ich ...«

»Das kommt von deiner dummen Theatergeherei und deinem ewigen Lesen!« rief der König erzürnt, und jetzt wurde er recht unköniglich. »Ich werde mit deinem Vater reden, aber anders, als du denkst! Er soll dich in ein Internat stecken, damit dir die Flausen aus dem Kopf fliegen.«

Pause. Stille. Dann:

»Sag, König, trägst du eigentlich eine goldene Krone?«

»Ja. Nein. Warum?«

»Weil ich mir nicht vorstellen kann, daß ein guter König mit einer goldenen Krone auf dem Haupt so mit einem unglücklichen Mädchen spricht, das ihn um seine Hilfe anfleht. Dann wäre es besser, du würdest deine Krone niederlegen. Dann habe ich bisher an einen ganz falschen König geglaubt.«

»Also gut«, sagte da der König nach einer langen Pause der Unentschlossenheit und des inneren Widerstreites, »ich werde mit deinem Vater reden. Vielleicht bekomme ich ihn dazu, daß er am nächsten Sonntag deinen Peter empfängt. Aber versprechen kann ich dir nicht, daß er sein Urteil über ihn ändert. Aber du kannst heute Peter schon für Sonntag einladen.«

»Danke! Danke! Danke!«

»Bist du jetzt wieder glücklich und mit deinem König zufrieden?«

»Ja, Papa! Sehr, Papa! Über alles, Papa!« sagte meine Tochter damals, und wenn sie morgen heiratet, stecke ich ihr die Telefonnummer des alten Königs in ihr Heiratsgut. Ich wünsche ihr, daß sie ihren alten König nicht mehr braucht. Der junge Mann, den sie mir ins Haus brachte, machte einen recht zuverlässigen Eindruck. Er war gar kein Held, wie ich fürchtete, er ist ein Mann. Jetzt kann ich beruhigt meine Krone abnehmen.

Ein gefährlicher Beruf

Kitty hatte ihre kluge Stunde.
In dieser ging sie zu einem großen Versicherungskonzern.
»Versichern Sie auch gefährliche Berufe?« fragte sie.
»Jederzeit.«
»Auch Löwenbändiger?«
»Löwenbändiger, Schlangenbeschwörer und Turmseilartisten.«
»Auch Astronauten und Mondsteingelehrte?«
»Astronauten, Rennfahrer, Kunstflieger und Kanalschwimmer.«
»Und Großwildjäger?«
»Großwildjäger, Tiefseeforscher und Adlerhorstfotografen.«
»Das läßt sich hören!« sagte Kitty.
Kitty sah sich im Raum um.
Dann gab sie sich einen Ruck und sagte:
»Unter diesen Umständen —«
»Bitte?«
»Würden Sie auch mich versichern?«
»Haben Sie einen gefährlichen Beruf?«
»Den gefährlichsten von allen.«
»Was sind Sie?«
»Hausfrau«, sagte Kitty.
»Hausfrau?« fragte der Versicherungsmann.
Kitty nickte.

»Eine Hausfrau ist stündlich von Gefahren umgeben«, sagte sie, »innerhalb von zehn Minuten kann sie sich in der Küche dreimal geschnitten, gestochen, gebrannt und verbrüht haben. Innerhalb der gleichen zehn Minuten kann sie sich einen Fuß brechen, einen Bruch heben und die Hand verknacksen. An einem Vormittag kann sie sich einen Finger mit dem Wiegemesser wegwiegen, den zweiten Finger beim Kartoffelschälen abschneiden, den dritten Finger beim Schnitzelklopfen zerschlagen, mit dem vierten Finger in den Multimix kommen und sich den fünften Finger mit dem Brothobel absäbeln. Das war die eine Hand, jetzt kommt die andere. Die zweite Hand verknackst sie sich unweigerlich, wenn sie den Fleischwolf auseinandernimmt. Beim Anzünden des Gasherdes oder des Ölofens kann ihr Haar Feuer fangen, der Topf mit dem kochenden Wasser kippt und verbrüht ihr Hände, Arme und Beine. Auf einem Kirschkern rutscht sie aus, und auf die glühende Platte legt sie ihre Hand. Das Bügeleisen fällt ihr auf den Fuß, und das hochprellende Bügelbrett schlägt ihr die Zähne ein. Beim Nachschauen nach einem Kurzschluß gerät sie mit der Nasenspitze in den Stromkreis und sprüht Funken. Inzwischen explodiert ein Dampfdrucktopf, fliegt das Rührwerk auseinander, die Spicknadel sticht sie sich unter den Daumennagel, und aus der Bratpfanne spritzt ihr kochendes Fett ins Gesicht —«

»Genug! Genug! Hören Sie auf!«

»Geben Sie es jetzt zu?«

»Eine Hausfrau, die kocht, zu versichern«, rief der Versicherungsmann, »welch gewagtes Risiko!«
Kitty beruhigte ihn:
»So groß ist das Risiko wiederum auch nicht.«
»Wieso nicht?«
Kitty lächelte sanft:
»Weil wir Frauen sind. Wenn allerdings die Männer kochen würden . . .«

Der Fussgänger

Max Dettig ging zum Arzt. Er litt seit einiger Zeit an Herzbeklemmungen. Der Arzt stellte eine Herzverfettung höchsten Grades fest. Max Dettig begann sofort zu jammern:

»Was soll ich nur tun, Herr Doktor?«

»Stellen Sie sich zuerst einmal auf die Waage!«

Max Dettig stellte sich. Die Waage ächzte.

»Sie haben zwanzig Pfund Übergewicht.«

»Entsetzlich! Ich trage schwer daran.«

»Was sind Sie von Beruf?«

»Technischer Kaufmann«, sagte Max Dettig.

Der Arzt wußte damit so wenig wie zuvor.

»Schildern Sie mir bitte Ihren Tagesablauf«, bat er.

»Herzlich gern«, antwortete Herr Dettig und rückte sich bequem in seinem Sprechzimmersessel zurecht, »jeden Morgen um neun Uhr fahre ich mit der Straßenbahn in mein Büro in der Nähe des Hauptbahnhofes. Die Straßenbahn hält direkt vor der Tür, mein Büro liegt im Parterre. Dort setze ich mich an meinen Schreibtisch, diktiere Briefe, unterschreibe Briefe, telefoniere, kalkuliere, diktiere Briefe, unterschreibe Briefe und arbeite so durch bis ein Uhr — dann fahre ich mit der Straßenbahn zum Mittagessen nach Hause und kehre gegen drei Uhr in mein Büro zurück.«

»Wiederum mit der Straßenbahn?«

»Ja. Ich habe ein Abonnement«, sagte Herr Dettig.

Der Arzt prüfte nochmals Herztöne und Blutdruck.
Er machte ein bedenkliches Gesicht.
»Sie müssen sofort etwas tun«, sagte er.
»Tabletten?« fragte Herr Dettig.
»Das wäre in Ihrem Falle verfehlt. Haben Sie einen Führerschein?«
»Vor Jahren, Herr Doktor, vor Jahren.«
»Sie haben keinen eigenen Wagen?«
»Ich brauche keinen.«
»Doch«, sagte der Arzt streng, »jetzt brauchen Sie einen, Sie müssen sich sofort — lieber heute als morgen — einen Wagen kaufen. Je größer und länger, desto besser. Mit diesem Wagen fahren Sie künftig täglich in Ihr Büro, fahren mittags darin zum Essen heim, kehren mit dem Wagen ins Büro zurück und abends wieder nach Hause — fahren Sie überhaupt so oft wie möglich, benützen Sie Ihren Wagen bei allen Gelegenheiten, auch wenn Sie ins Kino oder Theater gehen oder sich nur eine Zeitung kaufen wollen.«
»Warum, Herr Doktor, warum?«
»Sie brauchen mehr Bewegung. Sie müssen gehen, gehen, gehen — zu Fuß natürlich, mindestens zwei Stunden am Tag.«
Max Dettig starrte den Arzt verständnislos an.
»Wozu brauche ich dann einen Wagen, Herr Doktor?«
Der Arzt lächelte seinem Patienten zu.
»Haben Sie eine Ahnung, wie viel, wie weit Sie meist gehen müssen, wenn Sie einen Wagen haben?«

»Gehen??«

»Ja. Nämlich von dem Platz, den Sie endlich nach langem Umherfahren für Ihren Wagen zum Parken gefunden haben, bis zu der Stelle, wo Sie wirklich hinwollen, zu Ihrem Büro, ins Kino oder sonstwohin — wie weit Sie dann wieder zu Fuß gehen müssen, wenn Sie zu Ihrem Wagen zurückwollen, oft müssen Sie ihn erst sogar suchen, denn die meisten Menschen vergessen, wohin sie ihn abgestellt haben — Kraftfahrer sind heute die ausdauerndsten Fußgänger geworden — von ihren Parkplätzen bis zu ihrem Ziel — ein Paar durchgelaufene Schuhsohlen reichen nicht aus in der Woche . . .

Politesse 29

Die drei Politessen kamen wie aus dem Ei geschält daher. Ihre schmucken Uniformen verbargen nur schlecht, wie es um ihre Herzen bestellt war. Da schlag doch einer lang hin, wenn man gerade sein Auto richtig geparkt hat und keinen Grund zur Beanstandung bietet!
Eine von ihnen, Politesse 29, hatte es ihm besonders angetan. Ferdinand sah die Nummer auf ihrem Kragenspiegel. Sie sah aus wie ein Schwedenmädchen, schlank, hochgewachsen, blond, blaue Augen, keine vierundzwanzig. Und was zwischen Schuh und Knie war, war auch nicht zu verachten. Er blieb mit offenem Mund stehen und wartete auf die Tauben, die ihm hineinfliegen sollten.
Die drei Politessen hatten sich getrennt. Jede übernahm eine Straßenseite, Politesse 29 kam direkt aufs Rondell mit Springbrunnen und auf Ferdinand zu.
»Ist das Ihr Wagen, mein Herr?« fragte sie.
Er verstand erst nicht recht, so überrascht war er. Dann aber legte Ferdinand seine Hand auf den großen schwarzen Rolls Royce und sagte:
»Stimmt etwas nicht?«
»Sie stehen direkt unter dem Parkverbotsschild.«
»Aber vor einer Parkuhr.«
»Die Uhr gilt nur für den Vormittag. Nachmittags ist hier Parkverbot.«

Dann blickte sie, um sich zu vergewissern und seine Schuld deutlicher zu demonstrieren, auf die Parkuhr.
»Darüber hinaus ist die Parkuhr längst abgelaufen«, sagte sie.
»Ich habe auch nichts hineingeworfen.«
»Also haben Sie sich zweimal straffällig gemacht.«
Vor ihrer Schönheit hätte er sich gern zehnmal straffällig gemacht. Schon wie er sie beglückt anstarrte, wäre eine Verwarnung wert gewesen. Sie zückte ihr Notizbuch.
»Ihr Name?«
Ferdinand nannte ihn ihr. Den Vornamen betonte er besonders.
»Geboren?«
»Ja«, sagte er verwirrt.
»Wo geboren?« wiederholte sie.
»In Königstein an der Elbe. Eine schöne Gegend. Dorthin möchte ich einmal meine Hochzeitsreise machen. Auf der Festung hat Boettger 1708 das Porzellan erfunden. Kennen Sie Königstein an der Elbe schon?«
»Wann wurden Sie geboren?«
»Könnten Sie sich vorstellen, einen Mann zu heiraten, der zehn Jahre älter ist als Sie?«
»Ich fragte, wann Sie geboren sind?«
»Ich sagte es Ihnen bereits. Ich schätze Sie vierundzwanzig.«
»Zweiundzwanzig«, sagte sie, durcheinandergebracht.
»Dann bin ich zwölf Jahre älter als Sie!«
Sie runzelte ihre Stirn.

Eine so schön gerunzelte Stirn hatte er noch niemals gesehen.
»Unterlassen Sie alle Ablenkungen! Sie entwischen mir nicht!«
»Wer spricht von Entwischen? So etwas Schönes wie Sie sieht man nicht alle Tage aus der Nähe!«
»Sie scheinen den Ernst Ihrer Situation mißzuverstehen. Es bleibt mir überlassen, ob ich eine Anzeige gegen Sie erstatte oder es mit einer Verwarnung bewenden lasse.«
»Werde ich Sie bei der Gerichtsverhandlung wiedersehen?«
»Natürlich nicht.«
»Auch nicht als Zeuge?«
»Geben Sie mir Ihren Führerschein!«
Ferdinand nestelte ihn aus der Tasche und reichte ihn ihr.
»Meine Telefonnummer steht leider nicht darin«, sagte er.
»Die brauche ich nicht.«
»Sagen Sie das nicht! Vielleicht später, wenn es Ihnen leid tut.«
»Was sollte mir leid tun?«
»Die zwanzig Mark, die Sie mir jetzt abknöpfen werden.«
Ferdinand entnahm seiner Brieftasche einen Zwanzigmarkschein, einen neuen, wie er ihn sich gerade von der Bank geholt hatte.
»Selber gedruckt! Eigenes Erzeugnis!«

Sie nahm keine Notiz davon, schrieb die Nummer des Rolls Royce auf den Strafzettel.
»Das nächstemal kommen Sie nicht so billig davon! Das nächstemal lasse ich Ihren Wagen abschleppen!«
Aber irgendwie sah sie aus, als ob es ihr leid täte, daß die Begegnung zu Ende war.
In diesem Augenblick kam der Mann, dem der Rolls Royce gehörte. Er stieg, ohne die beiden zu beachten, ein und fuhr davon. Die Politesse kam in ihrer Verwirrung nicht dazu, etwas zu sagen. Ferdinand weidete sich an ihrer Verlegenheit.
»Jetzt werden Sie doch meine Telefonnummer brauchen«, sagte er, »oder wollen Sie mir die zwanzig Mark gleich an Ort und Stelle zurückgeben?«
»Die behalte ich wegen Irreführung der Behörden!«
Aber sie sagte es lächelnd. Zum ersten Male lächelte sie.
»Dann verlange ich einen weitaus größeren Betrag wegen Irreführung des Herzens«, sagte Ferdinand, »denn was Sie für einen Schaden in mir angerichtet haben, daß mir nie wieder eine andere Frau gefallen wird, ist mit Geld gar nicht wiedergutzumachen. Darf ich Sie mit meinem Wagen ein Stück mitnehmen?«
»Wo steht Ihr Wagen?«
»Dort droben, gegenüber. Der kleine. Vor der Parkuhr.«
Während sie hinübergingen, fiel ihm siedendheiß ein: Seine Parkuhr war abgelaufen. Das erste, was die Politesse tat: ihm eine Verwarnung auszuschreiben.

Damit war heute ihr Dienst zu Ende. Gott sei Dank hatte er die zwanzig Mark bereits am Rondell mit dem Springbrunnen bezahlt. Was dann folgte, als sie ihre Dienstjacke in seinem Wagen ablegte und mit Ferdinand ins Grüne fuhr, war die zwanzig Mark mehrfach wert. Er zahlte auch das Mehrfache dafür. Schon allein am Standesamt — man kann sich nicht vorstellen, was heutzutage eine normale Heirat kostet!

Münchner Oktoberfest

Dieses Jahr gehe ich nicht auf das Oktoberfest. Ich bin mit meinen Jahren über die Freude des Karussellfahrens hinaus, ich kenne die Bürgermeisterin der Liliputaner ebensogut wie die Dame ohne Unterleib, die sich früher dreimal täglich auf offener Bühne zersägen ließ. Das waren alles Freuden und Vergnügen, als meine Kinder noch klein waren, als ich für sie in den Schießbuden Ansteckblumen schoß, Nägel einschlug und mit Bällen nach Blechbüchsen warf. Da war unser Wiesensonntag ein unverrückbarer Festtag im Jahr. Selbst wenn es Schusterbuben vom Himmel heruntergeregnet hätte, wir hätten uns nicht abhalten lassen, die Budenstadt zu besuchen und uns mit türkischem Honig, gebrannten Mandeln und gesponnenem Zucker den Magen zu verderben. Wir haben kein Jahr den Wiesenbesuch ausgelassen, auch später nicht, als meine Töchter schon erwachsen geworden waren und fragten: »Vater, hättest du etwas dagegen, wenn ich Peter oder Walter mitbringe? Ich verzichte zu seinen Gunsten auf mein Wiesenhuhn.« Sie haben natürlich nicht verzichten müssen, weder Christine noch Josephine. Je älter ein Töchtervater wird, desto tiefer muß er in die Tasche greifen.

Inzwischen haben meine Töchter geheiratet, Josefine ihren Peter und Christine ihren Walter. Jetzt gehen sie zur Wiesenzeit allein hinaus, oft zwei Tage hintereinander, und können sich aus der eigenen Tasche ein Wiesenhuhn kaufen. Es beruhigt mich als Vater, die Töchter gut versorgt zu wissen, aber ein wenig traurig macht es doch, und das Wiesenhuhn schmeckt mir nicht mehr so gut wie damals, als ich vier Hühner auf einmal für meine jungen Geister bestellte, vier Hühner auf einer Schüssel, das war ein Anblick, nach dem sich andere Tische umdrehten, es war das Symbol einer glücklichen Familie. Jetzt brauchen sie mich nicht mehr. So werde ich dieses Jahr zum erstenmal um die Oktoberwiese einen großen Bogen machen. Denn wenn man zu nichts gebraucht wird, nicht einmal mehr dazu, seinen Kindern das Wiesenhuhn zu bezahlen — kein König geht besuchsweise an seinem Thron vorüber, nachdem er abdanken mußte.

Gestern standen meine Töchter mit ihren Männern vor meiner Tür. »Wir wollen dich abholen, Vater.«

»Abholen? Wohin?«

»Heute ist unser Wiesensonntag. Alte Tradition.«

Ich schüttelte den Kopf. »Ihr habt jetzt eure Männer. Was wollt ihr mit mir altem Vater?«

»Jetzt sind wir an der Reihe, dich einzuladen. Du bist heute unser Wiesengast. Das schönste Wiesenhendel bekommst du.«

Das ist etwas ganz Neues für einen Vater. Das erste Wiesenhuhn von meinen Kindern! Was für ein Ereignis! Ich habe die Hühner nicht gezählt, die ich im Laufe meines Lebens meinen Kindern gekauft habe, es wäre wohl eine stattliche Schar. Und heute spendieren mir meine Kinder ein Wiesenhuhn! Ich zog mich schnell an, wir fuhren hinaus, und als wir uns in einem Festzelt niedergelassen hatten, kam wieder eine große Schüssel auf den Tisch, mit fünf Hühnern, genauso schön wie früher, fast noch schöner. Christine und Josefine wetteiferten, mir das schönste der fünf Wiesenhühner herauszusuchen, ich saß auf dem besten Platz, ich bekam die knusprigste Brezel, man trank mir zu und feierte mich. Es ist ein ganz neues Gefühl und ein Glück eigener Art, zum erstenmal Gast bei den eigenen Kindern zu sein und von ihnen ein Wiesenhuhn spendiert zu bekommen. Vielleicht war dieses sogar das schönste Oktoberfest meines Lebens. Es wurde es noch mehr, als ich es ahnen sollte.

Als es nämlich ans Zahlen ging, sah ich, wie Peter heimlich der Kellnerin winkte, in die Tasche griff, plötzlich erblaßte, seine Hand wieder leer herauszog, seinen Rock betastete und schließlich seinem Schwager etwas zuflüsterte. Walter winkte lachend ab, griff in seinen Rock, betrachtete die Rechnung, stutzte, sah näher hin und erblaßte jetzt ebenfalls. Jetzt merkten auch meine Töchter, daß etwas nicht stimmte.

»Peter hat sein Geld daheim vergessen«, flüsterte Walter.

»Dann zahl du!«

»Das Ganze? Jetzt vor dem Letzten? So viel habe ich gar nicht bei mir. Habt ihr kein Geld dabei?«

»Auf die Wiese nehmen wir Mädchen doch kein Geld mit.«

Sie hatten mich, den Vater, völlig vergessen, so sehr hatte sie der Schreck überrumpelt. Sie merkten daher auch gar nicht, wie die Fröhlichkeit in meinem Gesicht immer mehr zunahm und wie ein warmes Glücksgefühl in mein Herz einzog, daß man mir die Freude ansehen mußte, die es mir bereitete, wieder wie in früheren Jahren die Kellnerin zu mir zu winken und nun meinerseits die ganze Zeche zu bezahlen.

»Fünf Wiesenhühner – der Rest ist für Sie«, sagte ich.

Ein Clown stirbt

Der berühmte Zirkusclown lag im Sterben. Als er das Ende seiner Tage herannahen fühlte, war er in seine Heimatstadt zurückgekehrt und schrieb in seinem Testament, wie er begraben werden wollte. Und da er ein berühmter Clown war, beschäftigten sich schon vor seinem Ableben die Gazetten mit seinem Tode und brachten Auszüge des sonderbaren Testaments.

»Ich will in einem Grab liegen, das rund wie eine Manege sein soll«, hatte er geschrieben, »man soll den Boden meines Grabes nicht mit dunklem Tannengrün füllen, sondern mit hellen Sägespänen, auf denen ich immer meine Purzelbäume schlug. Auch sollen die Bänder, auf denen man meinen Sarg in die Erde gleiten läßt, bunt sein, lustigen Zirkusfahnen gleich, auch mögen die Leidtragenden sich in helle Kleider kleiden und so viele Kinder mitbringen, wie sie nur an den Händen halten können. Denn das Lachen der Kinder und ihre hellen Zurufe, das war es, worauf ich sehnsüchtig lauschte, ich möchte auch in meiner letzten Stunde ihr fröhliches Geplapper, das ihnen die Erwachsenen so gern verweisen, nicht missen. Eine Zirkuskapelle in roter Husarenuniform soll böhmische Polkas spielen und dem Sarg voranziehen, und statt der traurigen Trauerreden soll an meinem Grab ein Komödiant ein fröhliches Gedicht aufsagen, und statt

der Trauerglocken vom Turm mögen die Musikboxen aus allen geöffneten Türen herausklingen, und wenn man die schweren Erdschollen auf meinen Sarg wirft, soll mein alter Kollege, der Musikclown Annast, jede Scholle mit einem lustigen Paukenschlag begleiten . . .«
Dies und mehr stand in den Zeitungen zu lesen, und es dauerte nicht lange, so war die kleine Stadt A., in der unser Clown zu sterben sich anschickte, erfüllt von Gesprächen über das sonderbare Testament. Je kleiner eine Stadt, desto magerer wächst der Humor, desto größer fühlt sich der Bürger. Ihr versteht, daß es auf dieses Testament hin wie in einem aufgestöberten Ameisenhaufen kribbelte und krabbelte und durcheinanderlief, wie die Stimmen immer lauter wurden, zur Empörung anschwollen und Versammlungen der Bürgerschaft und des Turnvereins und der Feuerwehr einberufen wurden, um das der Tradition unehrerbietige Vorhaben zu unterbinden. Es fehlte nicht viel, so hätte man den Arzt gesteinigt, wenn er zu ihm ging, und mit Hohnrufen verfolgt, wenn er von ihm kam. Selbst am Stammtisch im Weinhaus zur Traube, wo sonst die gröbsten Witze sich im verschütteten Wein wälzten, hatte man jetzt die Moral in Pacht genommen. Nein, das würde man sich nicht bieten lassen von einem, der sein ganzes Leben in der freien Welt verbracht hatte, von dem man nicht wußte, ob er die Gesetze geachtet, die Ehe geheiligt, Gott und den Behörden seinen Zehnten abgeliefert hatte, man wußte überhaupt nichts von ihm, dreißig Jahre war

er auswärts gewesen, ohne ihre Aufsicht, da könnte ja jeder kommen und hier sterben und den Friedhof zum Zirkus machen.

Die Bürgerschaft hatte sich bald geeinigt, die vier Schutzleute der Stadt wurden ermahnt, ihre Pflicht zu tun, die Zimmerleute angewiesen, ihre acht Bretter nicht zusammenzuschlagen für einen, der das Lachen an seinem Grabe verlangt ... da kam am Nachmittag um fünf Uhr die Nachricht, daß der berühmte Clown soeben friedlich verschieden sei und das Begräbnis am kommenden Freitag auf dem hiesigen Friedhof stattfände.

Die Beerdigung des Clowns fand in aller Stille statt. Es war eine Beerdigung wie jede andere, die Glocken klangen rein vom Turm, und an dem mit Tannengrün geschmückten Grab sprach der Herr Pfarrer, aus der geöffneten Kirchentür drang der feierliche, schwere Klang der Orgel, und ein von Kindern gesungenes Volkslied schwang über die niederen Mauern des Friedhofes hinaus in die Ruhe des späten Nachmittages.

Enttäuscht standen die Bürger und die Schutzleute jenseits der Friedhofsmauer und mußten unverrichteter böser Dinge wieder abziehen, nun den aufgespeicherten Zorn und alle die Worte, die sie zum Hinausschreien in ihren Kehlen aufgespeichert hatten, wieder mit heimnehmend, um sie in den nächsten Tagen an ihren Ehefrauen oder Untergebenen loszuwerden — denn das Testament des berühmten Clowns, von dem nach seinem Letzten Willen nur der erste Teil veröffentlicht worden war, schloß mit den Worten: »Dies in den Zeitungen zu veröffentlichen, soll der letzte Spaß meines lustigen Lebens sein. In Wirklichkeit aber begrabt mich in bürgerlichen Ehren und mit Gottes Beistand.«

Nein, ein feiner Mann war Heino bestimmt nicht. Aber es sei ihm viel verziehen, wenn man so jung ist, Student im zweiten Semester, und sich die Füße abläuft, endlich eine Bude zu bekommen. Denn man kann doch nicht über ein Jahr lang jede Nacht unter Brückenbogen, im Tierasyl, in Turnhallen und Bahnhöfen schlafen. Oder im Zelt, wo man als schlafender Nachtwächter die Campingausstellung eines Sportgeschäftes bewacht, daß keiner nachts ein Zelt wegträgt. Oder in den Gängen der Universität und sich, unter dem Tisch versteckt, in die Bibliothek einschließen läßt... ein Mensch braucht eine Bleibe, wo er nachts seinen Rock an den Nagel hängen und seine Schuhe unters Bett stellen kann. Ein Jahr lang keine Bude, tagsüber studieren und nachts nicht schlafen, da wird das Lamm zum Löwen.

Sein Kommilitone Otto hatte eine tolle Bleibe.

Bei einer Wirtin wundermild. Ihr Atem war auch sonntags rein.

»Besuch mich doch mal, Heino! Du wirst staunen, wie schön ich wohne!«

Heino kam und staunte.

Otto wohnte wie bei Muttern.

Ein großes Zimmer, zwei Fenster, Blumen auf dem Tisch, eine helle Stehlampe, bequeme Sessel, Bilder an der Wand, ein schöner Teppich, nicht abgelatscht und abgehatscht, wo findet man noch diese wohnliche Behaglichkeit? Meist legt die Wirtin den guten Teppich in ihr eigenes Zimmer, und für den Untermieter genügt der nackte Fußboden. Schon damit sie hört, was drüben vorgeht. Ein Teppich verschlingt den Schritt, der blanke Holzboden aber knarrt und wimmert und verrät, was der Untermieter im Augenblick treibt. Studentenbuden mit Teppichen sind selten. Wo aber ein Teppich liegt, lebt der Untermieter wie ein König. Möchte sagen: wie ein Pascha. Das trifft es besser.

»Was zahlst du für die ganze Herrlichkeit?«

»100 Mark im Monat«, sagte Otto.

Als Heino das nächstemal kam, brachte er der Wirtin frische Blumen mit. Otto war nicht daheim.

»Für mich?« fragte die Wirtin überrascht, »Sie sind aber aufmerksam und artig.«

»Es war mir ein Herzensbedürfnis.«

»Mein Student hat mir noch nie Blumen gebracht.«

»Wie ungalant!«

Heino wurde von ihr zum Kaffee eingeladen.

Er rührte in der Tasse.

»Ach, wenn man doch auch bei Ihnen wohnen könnte!«

»Ich habe leider nur das eine Zimmer zum Abgeben.«

»Und das ist besetzt.«

»So ist es. Wenn es frei wäre, ich nähme Sie sofort. Sie sind ein reizender junger Mann. Ihre Mutter muß stolz auf ihren Jungen sein.«

»Wenn Mutter wüßte, wie ich lebe! Ohne Bleibe!«
»Sie tun mir leid.«
»Bei Ihnen ist es so schön, so warm, so sauber.«
»Ich bemühe mich, jungen Menschen ein Zuhause zu schaffen.«
»Das merkt man. Aber merkt es auch Otto? Sieht er ein, wie gut er es bei Ihnen hat?«
»Warum fragen Sie das?«
»Nur so.«
Das sind so die Gespräche bei Kaffee und Kuchen. Da geschah es dann. Am nächsten Tag erhielt Otto eine offene Postkarte. Welche Wirtin liest die Postkarten an ihre Mieter nicht. Jede tut es. Es könnte ihr etwas entgehen. Diese Karte entging Ottos Wirtin nicht. »Lieber Otto!« las sie. »Ich war gestern bei Deiner Wirtin zum Kaffee. Sie ist ein grundgütiges, liebenswertes Wesen. Ich verstehe darum wirklich nicht, warum Du überall herumerzählst, daß sie Dir das Weiße aus den Augen nimmt, sich jedes Glas Wasser bezahlen läßt, Deine Briefe liest, an der Tür lauscht, durch das Schlüsselloch schlunzt, das Zimmer nicht aufräumt, die Betten nicht macht und daß Du längst ausgezogen wärst, wenn Du nur ein anderes Zimmer wüßtest, weil Du einfach mit dieser geldgierigen, geschwätzigen, aufdringlichen, neugierigen, unsauberen, liederlichen, faulen Person . . .«
Eine gute Studentenmutter kündigt keinem Studenten.
Wenn sie aber kündigt, kündigt sie rabiat.

Jetzt hat Otto kein Zimmer mehr und sucht nach einer neuen Bleibe.
Fett wie die Made im Speck sitzt dafür Heino bei der Wirtin wundermild. Für 100 Mark im Monat, mit Blumen auf dem Tisch, bequemem Sessel, Bad und Telefon.
»Du bist ein Schwein, Heino!« sagte Otto.
»Aber wenigstens ein Schwein mit Stall!«
Ich sagte ja, ein feiner Mann wird Heino nie. Aber was tut man nicht alles, was gibt man nicht alles her, selbst seinen Charakter, um nachts seinen Rock über den Haken hängen und seine Schuhe unters Bett stellen zu können . . .

Der Dompteur

Die Zugnummer des großen Zirkus war die gewaltige Raubtiergruppe. Zwölf wilde Berberlöwen, zwanzig bengalische Tiger, dreißig schleichende Schlangen, Krokodile, Eisbären und dazwischen, um das Kraut fett zu machen, ein Wildschwein.

Abend für Abend trat der Dompteur Roberto Umbano in den Käfig, nur mit einem Fell bekleidet, nur mit einer Peitsche bewaffnet, und führte die tollsten Dressurnummern vor. Er legte seinen Kopf in den Rachen eines Krokodils, die Füße und Hände in die Rachen der anderen Krokodile, er ritt auf dem Wildschwein durch die Arena und sprang mit ihm über die Tiger hinweg, mit den Bären tanzte er, und mit den Schlangen rang er. Er war ein toller Geselle, der Dompteur Roberto Umbano. Und wenn er zum Schluß die gegeneinandergehetzten Löwen und Tiger durch ein einfaches Dazwischenspringen trennte, tönte frenetischer Applaus durch das ganze Haus.

»Haben Sie keine Angst vor der Gefahr?« fragte ihn einer.

Der Dompteur schüttelte den Kopf.

»Es gibt gefährlichere Berufe«, sagte er.

»Gefährlichere Berufe, als mit ungezähmten Bestien umzugehen?«

»Gewiß.«

»Da wäre ich neugierig.«

»Ich will Ihnen gern eine Geschichte erzählen. Ich war früher Tänzer in einem Tanzduo —«, erzählte der Dompteur, »meine Partnerin und ich traten in den Ersten Häusern auf, Paris, Kopenhagen, Berlin, Wien. Wir tanzten Tango, Wiener Walzer, auch wohl gelegentlich einmal einen Phantasietanz, aber meist beschränkten wir uns auf die vollendete Form des Gesellschaftstanzes. Und wie das meist zwischen Tanzpartnern nicht ausbleibt, Mary und ich befreundeten uns, ein großer Flirt entstand, wir wollten sogar später heiraten, aber eines Tages geschah etwas, was alles zerstörte. Irgendeine verrückte Amerikanerin, die mich tanzen gesehen hatte, schrieb mir einen zärtlichen Brief und legte ihr Bild bei. Ich muß gestehen, sie war wunderschön auf dem Bild, ein schmales Gesicht, große runde Augen, eine hohe Stirn, blond, nicht älter als einundzwanzig Jahre — aber was sollte ich mit einer Frau anfangen, die einem Mann Briefe schreibt, den sie nicht kennt? Außerdem war ich immer noch ernstlich verliebt in meine Partnerin. Ich schob also den Brief und das Bild achtlos in meine Tasche, und da bald darauf unsere Vorstellung begann, vergaß ich es völlig.«

Der Dompteur machte eine kleine Pause. Dann fuhr er fort:

»Nun war unsere Nummer so, daß wir zuerst gemeinsam auftraten, ich dann ein Solo steppte, während Mary in unsere Garderobe ging, um sich für den zweiten Tanz umzuziehen. Als sie diesmal auf die

Bühne zurückkam, war sie kreidebleich. Ich ahnte schon nichts Gutes, und als wir unseren Tanz beendet hatten und der Vorhang viermal auf und nieder gegangen war, starrte mich Mary wütend an.

»Wer ist die Frau?«

»Welche Frau?« fragte ich belustigt.

»Die Frau, deren Bild du in der Tasche trägst.«

Ich erkannte Mary nicht wieder! Sie, die sonst so sanft war, riß das Bild jener Amerikanerin aus ihrem Kleidausschnitt und schwenkte es wild hin und her.

»Wer ist diese Frau?«

»Aber, liebes Kind, laß dir doch erklären —«

»Nein!« schrie sie.

Sie schrie es so laut und so grell, daß die Bühnenarbeiter erschrocken herbeiliefen. Und bevor ich noch ein weiteres Wort sagen konnte, hatte sie sich auf mich gestürzt und grub ihre langen spitzen Nägel in mein Gesicht, riß mir das Haar büschelweise aus, biß und kratzte —«

Der Inspizient kam in die Garderobe.

»Ihre Nummer, Umbano!«

Der Dompteur nickte.

»Ich komme.«

Und zu seinem Besucher gewendet, sagte er:

»Von dieser Stunde an beschäftige ich mich mit ungezähmten Bestien. Sie sind wirklich weniger gefährlich.«

Mitten in der Nacht – ich habe einen guten Schlaf – mitten in der Nacht – ich träumte von einem Mädchen namens Sybille – mitten in der Nacht – wir waren auf Hawaii und aßen Ananas – mitten in der Nacht, genau um drei Uhr morgens, läutete es an meiner Wohnungstür Sturm.

Schlaftrunken torkelte ich hinaus.

»Hallo?« rief ich. »Wer ist da?«

»Ich.«

»Wer ist ich?« fragte ich und öffnete die Tür einen Spalt.

Ein orientalischer Schlafrock mit einem Perserteppichmuster, darin ein fester fünfzigjähriger Körper, eine rote Kordel darum, sprang aufgeregt hin und her.

»Eine Unverschämtheit!«

»Bin ich gemeint, gnädige Frau?« fragte ich.

»Wer sonst? Ich bin die Dame, die seit gestern über Ihnen wohnt.«

»Und außer diesem Vorzug?«

»Ich kann nicht schlafen. Ihr Hund bellt die ganze Nacht.«

»Mein Hund?«

»Es muß ein Rüde sein. Man hört es am Ton. Er bellt ununterbrochen. Ich kann kein Auge zutun. Stellen Sie das ab!«

Ich entschuldigte mich: »Verzeihen Sie bitte tausendmal, gnädige Frau — Sie sehen mich erschüttert, ich werde sofort dafür Sorge tragen, daß mein Hund nicht mehr bellt — entschuldigen Sie gütigst die gestörte Nachtruhe!«

Am nächsten Abend blieb ich wach. Es fiel mir schwer, die Augen offenzuhalten. Ich hatte in der vergangenen Nacht seit drei Uhr früh nicht mehr geschlafen. Wenn ich in der Nacht geweckt werde, ist es bei mir vorbei mit dem Schlaf. Und gestern wurde ich geweckt. So blieb ich heute mit Vorbedacht munter und las in einem Kriminalroman. Punkt drei Uhr war der Roman zu Ende. Ich stieg aus dem Bett, schlüpfte in meinen Schlafrock, blau mit weißen Punkten, schlüpfte in meine Pantoffeln, weiß mit blauen Punkten, knüpfte mir meinen blauen Schal um den weißen Hals und verließ meine Wohnung.

Ich stieg zu der Dame hinauf, die seit vorgestern über mir wohnte. Dort läutete ich an der Wohnungstür Sturm. Es dauerte nicht lange.

»Hallo? Wer ist da?«

»Ich.«

»Wer ist ich?«

»Der Herr, der unter Ihnen wohnt.«

Die Tür ging einen Spalt auf. Der orientalische Schlafrock stand vor mir. In ihm eine schlaftrunkene Gestalt, die kaum die Augen offenhalten konnte.

»Was wollen Sie denn mitten in der Nacht?«

»Einen Irrtum aufklären, gnädige Frau«, sagte ich bescheiden.

»Was? Wie? Jetzt? Drei Uhr früh?«

»Es geschah auch gestern drei Uhr früh. Ich wollte Ihnen nur sagen, daß ich mich gestern nacht geirrt habe. Ich habe nämlich gar keinen Rüden. Ich habe überhaupt keinen Hund. Ich vergaß nur gestern, es Ihnen zu sagen . . .«

Ich besitze in der Tat keinen Hund.

Aber weckst du mich, wecke ich dich.

Das heute zu tun, hatte ich mir schon gestern seit drei Uhr früh vorgenommen. Im Umgang mit Nachbarn lernt man nie aus.

Unwahre Geschichte

Vries Andergest nahm heute schneller, als er gewöhnt und es sonst in den Hotels der kleinen Gebirgsseen üblich war, sein Frühstück ein. Ein leiser, warmer Regen fiel auf die Terrasse, der See schimmerte hellgrün, es war gerade das richtige Wetter für einen leidenschaftlichen Angler. Schon wollte sich Vries Andergest erheben und mit einer leichten Verneigung an den Hotelgästen vorüberschreiten, als eine junge Dame auf ihn zutrat.

»Wollen Sie mich nicht mitnehmen, Herr Andergest?«

»Mitnehmen? Wohin?«

»Auf den See. Ich habe mein Angelzeug schon bereit.«

»Mit Vergnügen.«

Man sah Andergest keineswegs das Vergnügen an, das ihm die Begleitung der jungen Dame versprach. Er erinnerte sich nur, daß sie Gitte hieß und daß er gestern abend einige Tänze mit ihr getanzt hatte, wohl mehr aus Zufall, da sie unweit von seinem Tisch mit ihren Eltern Platz genommen hatte. Aber auch dann, wenn Gitte ihm die Erfüllung einer Sehnsucht bedeutet hätte, liebte Andergest keineswegs eine Frau im Boot, während er angelte. Trotzdem erklärte er mit einem höflichen Lächeln: »Mit Vergnügen! Kommen Sie! Gehen wir!«

Zwei Stunden schon saßen sie im schmalen Boot. Die

Angelruten hingen traurig in der Windstille, und zwischen den beiden Menschen hatte sich Schweigen breitgemacht, das so eng verwandt ist mit der Einsamkeit des Wassers an stillen Stellen.
Vries Andergest brach endlich das Schweigen.
»Sie lieben die Fischweid?« fragte er.
»Nein.«
»Nein?«
»Ich finde Angeln entsetzlich.«
»Aber —«
Gitte bog sich lachend zurück.
»Warum sehen Sie mich so erstaunt an, Andergest? Glauben Sie wirklich, ich bin mit Ihnen auf den See gefahren, um zu angeln?«
»Natürlich glaube ich das.«
Gitte strich sich eine dichte Strähne ihres Haares aus der Stirn.
»Sie sind ein wundervoller Mensch, Andergest«, sagte sie, »Sie gefallen mir ausgezeichnet. Vom Angeln mögen Sie etwas verstehen, aber von Frauen und jungen Mädchen verstehen Sie nichts.«
Andergest schwieg.
Verärgert zog er die Schnur aus dem Wasser und warf sie in einem weiten Bogen wieder in den See.
»Und Sie glauben«, sagte er dann spöttisch, »Sie glauben, daß ich jetzt — nach Ihrer liebenswürdigen Einladung — nach Ihrer deutlichen Aufforderung —«
»Ich glaube es nicht. Aber Mama glaubt es.«
»Ihre Mutter?«

»Ja, ich eigne mich nicht zum Studium. Ich habe auch sonst keine geschäftlichen Talente. Also möchte mich Mama gern verheiraten. Deswegen sind wir hierhergefahren. Sie erschienen auf der Bildfläche und gefielen Mama sofort. Außerordentlich sogar. Sie sind reich, wir sind arm. Ist es da nicht selbstverständlich, daß mir Mama sofort ein Angelzeug kaufte und mir befahl, mit Ihnen angeln zu gehen?«
Andergest sah erstaunt auf Gitte.
»Ich bewundere Ihre Offenheit.«
»Sie brauchen sie nicht zu bewundern.«
»Nein?«
»Wenn ich mit Mamas Plan einig gewesen wäre, hätte ich bestimmt geschwiegen.«
»Ich gefalle Ihnen also nicht?«
»Sie gefallen mir sogar sehr gut«, sagte Gitte, »schon von der ersten Stunde an, wo ich Sie sah. Nur glaube ich nicht daran, daß man heutzutage ein junges Mädchen heiratet, nur weil man einmal mit ihr angeln war. Die Ansichten von Mama sind veraltet. Trotzdem hat sie alle Vorbereitungen für ihren Plan getroffen. Sehen Sie dort drüben den Hügel? Dort sitzt Mama hinter einem Baum und beobachtet uns. Sehen Sie dort drüben im Schilf die kleine Hütte? Dort wartet jetzt Papa. Und wenn alles nichts nützt, soll ich Punkt zwölf Uhr, wenn die Glocken der Bergkapelle läuten, ins Wasser fallen. Sie werden mich retten, ich werde dabei meine Arme um Sie legen — Papa und Mama nahen im Boot — die Situation — Sie verstehen?«

»Und warum tun Sie es nicht? Warum verraten Sie mir alles?«
Sie lächelte in sich hinein.
»Weil —«
»Nun?«
»Weil ich mein Glück nicht — ich habe es mir anders vorgestellt — ich bin vielleicht noch sehr dumm, ich glaube an die Liebe.«
Sie hielt den Kopf gesenkt. Eine leichte Röte lief über ihre Stirn.
»Schade«, sagte Andergest.
»Warum?«
»Vielleicht wäre der Plan doch gelungen.«
»Mit einer Lüge! Niemals!«
Andergest legte seinen Arm um sie und zog sie an sich.
»Was tun Sie? Wenn Mama uns sieht!«
Andergest küßte zärtlich ihren Mund.
»Mama soll glauben, daß ihr Plan gelungen ist«, sagte er, »ich freue mich, einen ehrlichen Menschen gefunden zu haben. Und wenn du es nicht gerade lächerlich findest, möchte ich dich fragen, ob du meine Frau werden willst —«
Im Hotel wartete die Familie mit Ungeduld auf Gittes Rückkehr. Immer wieder trat die Mutter auf die Terrasse. Endlich tauchte das blaue Kleid Gittes zwischen den Hecken auf. Die Mutter eilte ihr entgegen.
»Wir haben uns um dich gesorgt, Gitte. Wo warst du denn?«

»Auf dem See. Angeln mit Andergest.«
»Mit Andergest? War das nicht der Herr, mit dem du gestern getanzt hast?«
»Ja, Mama.«
»Und er hat dich eingeladen?«
»Ich habe mich selbst eingeladen, Mama. Er gefiel mir.«
Die Mutter schüttelte entsetzt den Kopf.
»Ihr jungen Mädchen heutzutage! Und wir hatten schon Sorge, daß dir etwas geschehen ist.«
»Es ist auch etwas geschehen, Mama.«
»Um Gottes willen! Was?«
»Ich habe mich soeben mit Andergest verlobt.«
Die Mutter stand fassungslos.
»Verlobt? Mit Andergest? Aber ihr kennt euch doch erst seit gestern? Wie ist denn das alles so schnell gekommen?«
Gitte strahlte.
»Ich habe ihm eine kleine erfundene Geschichte erzählt, die ihm gut gefallen hat.«

Nur wer im Wohlstand lebt, lebt angenehm, zitieren viele. Das sagte sich auch Herr Neumeister. Nicht daß er sich seinen Wohlstand auf unrechtmäßige Weise verschafft hatte, nein, der Wohlstand war mit den Jahren über ihn hereingebrochen, mit zwölf Stunden Arbeit am Tag, im freien Beruf. Er hatte oft die Nacht zum Tag gemacht, seine Werbeslogans, seine Werbesprüche waren begehrt, die er den großen Firmen zu guten Preisen verkaufte. Im Werbefernsehen liefen seine Verse, die Zeitungen wiederholten sie, Herr Neumeister hatte auch ein Buch über den Humor in der Werbung geschrieben, kurz, er nahm das Geld, wo er es verdienen konnte, ließ seine Kinder etwas lernen, trieb einen gesunden Aufwand, hatte ein schönes Haus mit Garten und Swimming-pool gemietet, er verwöhnte seine Frau, die immer besonders schön angezogen war, heute ein kleidsamer Hut, ein Maximantel mit einem passenden Minikleid, die schönste und größte Handtasche aus Babykrokodil, er zechte mit Geschäftsfreunden und fuhr jedes dritte Wochenende, wenn er es ermöglichen konnte und nicht den Sonntag zum Werktag machen mußte, weil sich die Aufträge häuften, mit seiner Familie aufs Land, an einen See, ins Gebirge.

Ein normales Leben also, wie wir es heute gewöhnt sind, nicht übertrieben, das, was uns zukommt, wenn unsere Arbeit vom Erfolg begleitet ist. Verständlich, bei diesem Leben und drei Kindern im Haus kann man keine Reichtümer erwerben und nichts auf die hohe Kante legen, aber man ist ja noch jung, warum sollte man sparen? Vorgestern war man noch dreißig, gestern vierzig, und mit fünfzig ist man noch lange kein alter Mann. Da kann man sich getrost noch etwas zumuten — aber eines Tages hatte sich Herr Neumeister etwas zuviel zugemutet, und der Schlag streifte ihn. Er streifte ihn härter, als es sonst meist der erste Schreckschuß zu tun pflegt. Herr Neumeister war beidseitig gelähmt, wurde in ein Krankenhaus gebracht, und die Ärzte standen achselzuckend um sein Bett.

»Wenn ihm die Natur nicht hilft, ärztliche Kunst vermag da wenig . . .«

Am Ersten war die Miete fällig, am Zweiten das Licht, am Dritten das Telefon, am Vierten die Autorate für den neuen Wagen — dazu die Arztkosten, das Studiengeld für den Sohn, das Internatsgeld für die Töchter, da war noch Geld im Portemonnaie und auf dem Konto. Aber als der nächste Erste kam, mußte Frau Konstanze schon die Beträge aus allen Ecken zusammenkratzen, denn in einem freien Beruf geht wohl gutes Geld ein, aber wenn nichts an Arbeit hinausgeht, kommt der Briefträger nicht mehr mit Schecks ins Haus, und auf das Postscheckkonto tröpfelt es kaum noch, das ist so im freien Beruf.

Der Zustand des Kranken versprach keine Besserung. Es war fraglich, ob Herr Neumeister je wieder arbeiten und seinem Beruf nachgehen konnte. Aber eine Frau von heute fügt sich nicht einfach klagend in ihr Schicksal, sondern packt zu und versucht, mit dem Leben auf ihre Weise fertig zu werden. Da Konstanze Neumeister als junges Mädchen die Akademie der schönen Künste besucht hatte und für ihre Porträts damals sogar ein Stipendium erhielt, erinnerte sie sich ihres Könnens und der Eitelkeit der Menschen. Sie hatte aus ihrer guten Zeit, die erst zwei Monate zurücklag, einen großen Bekanntenkreis wohlhabender Leute, Anwälte, Direktoren, Schauspieler, Filmmanager und Produzenten und wie alle die gutverdienenden Leute heißen. Zu ihnen ging sie kurzentschlossen und bot ihnen an, ihr Porträt zu malen, die Persönlichkeit des Mannes, die späte Schönheit der Ehefrau, die zarte Lieblichkeit der Kinder. Zweihundert Mark verlangte sie für ein Porträt, an dem sie mehrere Tage arbeitete, und sie war überzeugt, daß sie so ihr vorübergehendes Fortkommen fände, denn der alte Freundeskreis war groß, in dem ein Hundertmarkschein keine beträchtliche Rolle spielt und alle ihre Notlage gut kannten.

Wir selbst, meine Frau und ich, gehörten zu dem alten Freundeskreis. Als Frau Neumeister zu uns kam und uns anbot, Porträts von mir und meiner Frau zu machen oder, falls dies zu zeitraubend sei, unsere beiden Töchter für zweihundert Mark zu porträtieren, hörten wir sie aufmerksam und mit innerem Mitgefühl an und versprachen, nicht gerade bindend, aber doch nicht ablehnend, uns die Sache durch den Kopf gehen zu lassen. Im Augenblick allerdings standen wir vor einer unaufschiebbaren Reise, aber wenn wir zurückkämen — warum nicht?

Wir trafen noch am gleichen Abend andere Freunde, bei denen Frau Neumeister ebenfalls vorstellig geworden war, und wir besprachen, da der Frau ja irgendwie geholfen werden müßte, wohlwollend ihren Vorschlag.

»Nun ja«, sagte einer von uns, »ich werde mir zwar nicht mein eigenes Porträt im Zimmer aufhängen —«

»Außerdem weiß man ja nicht, wie es ausfällt —«

»Das ist es«, ergänzte der dritte, »kann sie denn überhaupt porträtieren?«

»Sie sagt es. Abgesehen davon — zum Stil unserer Wohnung passen keine Bilder an der Wand!«

»Dazu muß man so ein Bild noch rahmen lassen, und so ein Rahmen kostet ein Heidengeld!«

Einer wurde ganz massiv und sagte:

»Ich, der ich einen frühen Picasso und einen Matisse habe, kann mir doch keinen Neumeister an die Wand hängen!«

»Eigentlich eine Zumutung —«

»Wahrhaftig! Eine Zumutung!«

Als Frau Neumeister merkte, daß die reichen Freunde ihres Mannes, die oft ihre Gastfreundschaft genossen und es auch in vorgerückter Stunde — denn sie war heute noch eine schöne, ansehnliche Frau — an Beteuerungen ihrer Verehrung nicht hatten fehlen lassen, im Augenblick Reise und unaufschiebbare Geschäfte vorschützten, verlor sie eines Tages ihren Lebensmut und klagte ihrer Putzfrau ihr Leid. Sie schilderte — denn einen Menschen muß der Mensch ja haben, an den man hinweinen und dem man sein Herz ausschütten kann, und die Putzfrau war im Augenblick die nächste — ihre Lage und was ihr von den reichen Freunden ihres Mannes widerfahren war.

»Können Sie denn Porträts malen?« fragte Frau Scheuermann.

»Ich habe es als junges Mädchen gelernt.«

»Was haben Sie verlangt?«

»Zweihundert Mark«, sagte Frau Neumeister verlegen, »ich würde es auch für hundert machen, ich brauche das Geld. Die Krankheit meines Mannes —«

Da setzte sich Frau Scheuermann, die Putzfrau, was sie sonst nie zu tun pflegte, in den großen Sessel, nickte und war mit Frau Neumeister einer Meinung über die Welt.

Als Frau Scheuermann das nächstemal zum Putzen kam, brachte sie acht Porträtaufträge mit. Von der Gemüsefrau in der Straße, von der Milchfrau, bei der Frau Neumeister seit Jahren ihre Butter und die Milch kaufte, von der Bäckerin, von der Zeitungsfrau, vom Bierfahrer, von der Frau aus der Waschanstalt, von ihrer eigenen Hausschneiderin, vom Briefträger, vom Busfahrer und setzte hinzu:

»Ich möchte mich auch gern, wenn es nicht zu unverschämt ist, von Ihnen malen lassen. Wenn Sie wollen, können Sie sofort anfangen. Das Geld habe ich mit.

Ich muß mir nur erst einmal noch mit dem Kamm durch die Haare fahren . . .«

Da Frau Scheuermann auch unsere Putzfrau war und ich sie eines Tages, als ich es erfahren hatte, fragte, wie die Porträts ausgefallen wären und ob denn diese einfachen Leute überhaupt Verständnis für die Bilder hätten und warum sie sich überhaupt von Frau Neumeister hätten malen lassen, sah mich Frau Scheuermann nur kurz an und sagte nicht gerade freundlich: »Ganz einfach — wir wollten ihr helfen —«

»Nein, Höhle achtzehn«, sagte der Manager zu dem bekannten Filmregisseur Anthony Macdonald, der gerade nach Beendigung seines neuen Filmes in Cinemascope, Breitwand und Technicolor angekommen war und ein paar Wochen auszuspannen gedachte, »wir haben Ihnen Höhle achtzehn reserviert, zweihundert Meter steil über dem Meer, ohne Zufahrt, nur über die Klippen und einen schmalen Ziegenpfad zu erreichen, mit prähistorischen Mammutzeichnungen an der Wand, etwas Gebein aus der Vorzeit und einem Topf vorchristlicher Münzen, ein paar Abdrücken von Bärenklauen auf dem Boden, einem Adlerhorst hundert Schritt über dem Eingang der Höhle ... ich hoffe, Sie werden mit Ihrem Quartier zufrieden sein, mein Herr. Wir können Ihnen aber auch, falls Ihnen diese Höhle aus der zweiten Stufe des sogenannten Rentierzeitalters nicht zusagen sollte, unsere Höhle 27 geben, die gerade frei geworden ist. Sie ist als Schmugglerversteck erhalten geblieben, wie sie war, mit Schmugglerwaren, Rumfässern, geteerten Tabakkisten, Stoffballen und einer dort versteckten schwarzen Piratenflagge, der Eingang nur über eine Strickleiter zu erreichen. Sie haben die Wahl zwischen diesen beiden romantischen Aufenthalten, mein Herr, der Preis ist der gleiche, 40 Pfund in der Woche.«

Filmregisseur Anthony Macdonald, des geselligen Lebens überdrüssig, wohnte jetzt bereits neun Tage in der von dem Hotelmanager gemieteten Höhle, 200 Meter steil über dem Meer. Er sah keinen Menschen, er las keine Zeitung, bärtig und ungekämmt lebte er das Leben eines Höhlenmenschen. Er hatte sich in der kurzen Zeit schon so mit seinen Nerven erholt, daß er morgens vor seiner Höhle stand und mit lauter Stimme durch seine trichterförmig gewölbten Hände vorchristliche Schreie ausstieß, vor allem dann, wenn das Meer vom Sturm gepeitscht war. Er überschrie das Donnern der Brandung und rief immer wieder: »Quousque tandem!« Er wußte zwar nicht mehr, was das genau bedeutete, aber er hatte es einmal in der Schule gelernt, viele Jahre bevor er seinen ersten Film drehte.

Wenn Filmregisseure zu Romantikern werden, so werden sie es gründlich. Sie inszenieren sich auch ohne Kamera ihre Einsamkeit und leben sich so in ihre Rolle hinein, daß, als eines Tages eine zottige Ziege vor dem Eingang der Höhle erschien, Macdonald einen entzückten Schrei ausstieß, auf die Ziege zulief, sie umarmte und halste und des ersten Eindrucks war, Zeus oder wenigstens Leda hätte diese Verkleidung gewählt, um ihm einen Besuch abzustatten. Aber es war wirklich nur eine gewöhnliche Bergziege über die Klippen zu ihm emporgestiegen. Durch den keineswegs olympischen Geruch der Ziege von ihrer Weltlichkeit überzeugt, wollte er sie gerade wieder davonjagen, zumal er noch einen zeitnahen Strick um den

Hals der Ziege bemerkte, der abgerissen war . . . eine Erscheinung, die ihn an das Heute und an die Kurzlebigkeit der modernen Industrieerzeugnisse gemahnte und so gar nicht in sein romantisches prähistorisches Höhlendasein paßte, denn ein Strick ist ein Strick, in der Filmindustrie ruft man jeden Tag nach ihm, um sich daran aufzuhängen — kurz, Macdonald wollte den unliebsamen Besuch gerade wieder vertreiben, als in der Nähe eine Stimme erklang:

»Verena! Verena, wo steckst du? — So melde dich doch! — Du bist recht unartig, Verena! Einfach davonzulaufen, und ich habe daheim den Verdruß!«

Die Bergziege trippelte auf ihren Füßen und sah sich nach der Stimme um. Dann ließ sie ein anmutiges Meckern ertönen. »Verena! Ich höre dich! Wo bist du?«

»Hier!« sagte Macdonald, nahm die Ziege am kurzen Ende des abgerissenen Strickes und trat vor die Höhle. Ein Mädchen stand vor ihm. Schwer zu schätzen, wie alt sie war. Kein Kind mehr, aber auch kein Fräulein. Ein Fräulein beileibe nicht. Der Strick, von dem sich die Ziege losgerissen hatte, war noch das Ordentlichste an ihr. Die Füße steckten in zerrissenen Sandalen, die noch nicht einmal einem Paar angehörten, wahrscheinlich von einem Schutthaufen aufgelesen. Ihre rote Bluse, Ballonseide, wer weiß, woher sie stammte, bedeckte nur eine Schulter, sie hob ihre braungebrannten Arme hoch über den Kopf und beutelte gleichzeitig mit einer heftigen Bewegung das lange, offene Haar aus der Stirn.

»Wollen Sie Verena behalten?«
»Nein«, sagte Macdonald, »was soll ich mit ihr?«
»Ich hätte sie Ihnen gelassen und morgen wieder abgeholt.«
»Gehört die Ziege dir?«
»Ich weiß es nicht!«
»Du weißt es nicht?«
»Kann sein, kann auch nicht sein. Wenn der, dem die Ziege gehört, vorher stirbt, ehe er merkt, daß ich sie habe, dann gehört sie mir.«
»Du hast sie gestohlen?«
»Hast du noch nie gestohlen?«
»Nein.«
»Warum versteckst du dich dann hier oben, wo dich keiner findet? Darf ich in deine Höhle hinein?«
Sie war an ihm vorbeigeschlüpft, ehe Macdonald etwas sagen konnte.
Er stand noch immer mit der Ziege am kurzen Strick, und die Luft schmeckte plötzlich nach Hagebutten und Holunderstauden. Als er in die Höhle trat, hatte sich das verwahrloste Mädchen auf sein Lager geworfen, streckte sich und flocht seinen roten Schal ins Haar.
»Fein hast du es hier!« rief sie. »Richtige Wolldecken! Schenkst du mir eine — für einen Mantel im Winter?«
Und ohne seine Frage abzuwarten:
»Wie lange versteckst du dich hier schon?«
»Neun Tage.«
»Sucht dich die Polizei?«
»Vielleicht.«

»Was hast du gemacht? Gestohlen?«
»Viel schlimmer.«
Sie rückte zur Seite und sah ihn erregt an.
»Komm! Leg dich zu mir und erzähl mir alles!«
Macdonald deutete zum Eingang.
»Inzwischen läuft uns die Ziege davon.«
»Hast du sie nicht angebunden?«
»Natürlich nicht.«
Das Mädchen eilte erschrocken hinaus und kam nach wenigen Minuten mit der Ziege zurück.
»Verena hat mehr Verstand als du! Sie hat auf mich gewartet. Wäre sie davongelaufen, hätte ich eine neue Ziege stehlen müssen, und wenn man mich dabei erwischt hätte, hättest du morgen umsonst auf mich gewartet.«
Sie blieb plötzlich stehen, kauerte sich vor ihm nieder und fragte:
»Oder hast du schon eine, die zu dir kommt? Wir im Dorf haben alle einen, der sich verstecken muß und dem wir das Essen bringen.«
Macdonald nahm die beiden Enden des zerrissenen Strickes und knüpfte einen Knoten.
»Und wenn ich eine hätte?« sagte er.
»Ach, dann —«
Sie begann, ihr Haar in Zöpfe zu flechten.
»Wie heißt du?« fragte Macdonald.
»Siebzehn.«
»Nicht wie alt du bist, wie du heißt?«
»Esperanza. Und du? Du brauchst es nicht zu sagen.

Männer, die sich verstecken, sagen ihren Namen nie. Carlos hieß der, dem ich zuletzt das Essen brachte. Aber er hieß anders, als ihn die Gendarmen fanden. Er hatte sein Mädchen umgebracht, ein Luder. Acht Wochen hatte er sich in den Bergen versteckt. Er hat mir diesen Ring geschenkt. Da! Gefällt er dir? Ich schenke ihn dir, wenn du magst ... behalt ihn zum Pfand, daß ich wiederkomme ... was gibst du mir, damit ich weiß, daß du von keiner anderen das Essen nimmst? Deine Uhr? Du brauchst nicht zu wissen, wie spät es ist ... du hast die Sonne. Wenn sie untergeht, bin ich bei dir und bringe dir, was du brauchst ...«

So ist es nun nicht in den Höhlen, die man für 40 Pfund in der Woche mietet, daß man von der Welt völlig abgeschnitten ist. Macdonald sagte dem Jungen, der ihm jeden Morgen die Mahlzeiten für den Tag brachte, daß er sich ab sofort selbst verköstigen werde, keinen Botendienst mehr wünsche, er wolle das vollendete Leben eines Einsiedlers führen. Die Zigaretten, die er bei sich trage, könne er dalassen.

Ja, auch die Streichhölzer.

»Du hast mir noch immer nichts von dir erzählt, Pepone«, sagte Esperanza eines Morgens.

»Pepone existiert nicht.«

»Doch. Du bist Pepone. Für mich bist du Pepone. Bist du ein Umstürzler und sucht dich die Polizei deswegen?«

»Nein. Kein Umstürzler.«

»Ein abtrünniger Priester — ja, das bist du — du läßt

dir einen Bart stehen, jetzt weiß ich es genau — du hast deinen Glauben verlassen?«

»Möchtest du, daß es so wäre?«

»Nein«, antwortete Esperanza langsam, »am liebsten wäre mir, du hättest gestohlen oder dein Mädchen aus Eifersucht umgebracht, wie Carlos — würdest du ein Mädchen umbringen, wenn es dich betrügt?«

»Ich hatte bisher noch keine Gelegenheit dazu.«

»Du bist blind! Wenn ich so alt wäre wie du, hätte ich schon zehn Mädchen umgebracht, sie taugen alle nichts. Heute diesen, morgen jenen. Mein Gott, ich könnte dir Geschichten erzählen!«

»Erzähle mir eine von dir!«

»Willst du es wirklich?«

»Setz dich und erzähl!«

»Als ich fünfzehn Jahre alt war — aber du hörst mir ja gar nicht zu — Pepone! Bitte — nein, bitte — ich muß gehen, man sucht mich sonst im Dorf . . .«

Was soll man zu solchen Romanzen sagen, die einem vielbeschäftigten Filmregisseur in den kurzen Wochen zwischen zwei Cinemascopefilmen in Technicolor und Breitwand widerfahren? Sozusagen als nüchterne Erholung auf dem Land, am Busen der Natur? Da kommt so ein verwahrlostes Mädchen mit einer Ziege daher, und alles ist schlimmer als im Atelier. Im Atelier weiß man doch wenigstens, daß alles nur fauler Zauber ist. Wenn er das Drehbuch nach den Aufnahmen zuklappt, dann ist das Leben wieder halbwegs normal, die Kantine, die Flasche Sekt, das Pokerspiel.

Macdonald gab sich keine Rechenschaft, was er hier trieb, er spielte seine Rolle, als sei er nie etwas anderes gewesen als der Liebhaber eines Zigeunermädchens, der sich in den Höhlen verstecken muß, weil die Polizei ihn sucht. Jeden Abend in der Dämmerung, ehe die Sonne im Meer versank, kam Esperanza zu ihm. Ihre Haut war heiß vom schnellen Laufen über die Felsen zu ihm hinauf, stets trug sie die gleiche rote Bluse, die nur eine Schulter bedeckte, die linke ...

»Das mit Carlos ist nicht wahr, Pepone.«

»Du schwörst es?«

»Du bist der erste, dem ich das Essen bringe. Ich habe heute ein Huhn. Meine Mutter hat es gekocht.«

»Was sagt deine Mutter, wenn du jede Nacht —«

»Was soll sie sagen? Sie weiß, daß es nichts nützt. Solange du hier oben bist, werde ich bei dir sein ... ich passe schon auf, daß mich keiner sieht, ich nehme jeden Tag einen anderen Weg ... gestern stellten mich zwei Gendarmen und fragten, was ich im Korb habe ... sie sind sehr hinter dir her, ich weiß jetzt auch, wer du bist ... sie suchen einen Mann, der eine Brücke in die Luft gesprengt hat, er soll sich hier irgendwo versteckt halten ... du mußt die Ziege nehmen und behalten, tu einfach so, als wärst du ein Ziegenhirt, der über den Sommer mit seiner Ziege in den Bergen lebt, weil er daheim nichts hat, sie weiden zu lassen.« Sie trug noch immer seine Uhr.

»Esperanza«, sagte Macdonald, »wenn du morgen hier heraufkommst, bin ich nicht mehr da ...«

»Du stellst dich der Polizei?«
»Ich weiß noch nicht, was ich tun werde«, sagte Macdonald, und seine Stimme war unsicher, zwischen zwei Wünschen hin und her gerissen, »ich habe aber fest vor, alles in Ordnung zu bringen, was bei mir in Unordnung ist, und zu dir zurückzukommen. Es ist möglich, daß es eine lange Zeit dauert, denn bei mir ist vieles, was vorher ins Gleichgewicht gebracht werden muß.«
»Wie alt werde ich sein, bis du zurückkommst?«
»Kein Jahr älter, das verspreche ich dir.«
»Bleiben wir dann hier? Mutter hat ein Haus, kein großes ... wenn du willst, kannst du unten in der Fabrik arbeiten, sie stellen immer Leute ein.«
Macdonald sah sie lange an.
»Wenn ich nicht wiederkommen sollte, Esperanza«, sagte er, »ich werde unsere Höhle nie vergessen — auch nicht den Strick, der zerrissen war, so begann es doch, nicht wahr? ... Nimm dir die beiden Decken mit, wenn du morgen früh gehst ...«
»Ich werde auf ihnen schlafen und an dich denken.«
»Keinen Mantel daraus?«
»Nein. Die Decken sind für die Nacht und die Sehnsucht.«
Sie saßen an diesem Abend noch lange Zeit und schauten auf das Meer hinunter.
»Ich habe eine Bitte, Pepone«, sagte Esperanza leise, »wenn du morgen gehst, nimm Verena mit, daß du nicht so allein bist — wenn du in Not kommst, kannst

du sie verkaufen, sie ist noch sehr jung, und jeder nimmt sie gern. Sie ist nicht gestohlen, sie gehört jetzt mir — ich habe bei einem Bauern jeden Tag in unserer Zeit gearbeitet.«

Den letzten Tag seines Urlaubs verbrachte Macdonald im Hotel. Er war am späten Nachmittag zurückgekehrt, hatte durch den Hintereingang das Hotel betreten, die Ziege einem Hausdiener geschenkt, der während der toten Saison drei Dörfer weiter seinen kleinen Hof bewirtschaftete, dann hatte er ein heißes Bad genommen und den Friseur auf sein Zimmer bestellt. Ein Berg von Depeschen lag für ihn bereit, er überflog den Inhalt kurz, rief den Manager an, daß morgen früh sein Wagen vor dem Hotel bereitstehen sollte. Macdonald ging in den Speisesaal hinunter. Er verspürte keinen Hunger und mußte sich erst wieder an den Anblick von Menschen gewöhnen. Der Kellner hielt einen Tisch im Palmengarten für ihn bereit, mißmutig überflog der Filmregisseur die lange, goldberandete Speisekarte, er dachte an den Korb, den Esperanza sonst um diese Stunde für ihn gebracht hatte, den bittersüßen Landwein ... der Kellner füllte sein Glas und wartete, ob der Wein die richtige Temperatur habe, Macdonald winkte ab und nahm erst dann sein Glas, als der Kellner gegangen war ... er hob es durch das Fenster den Bergen zu, ein verwahrlostes Mädchen, das Mädchen mit der Ziege ... jetzt würde sie oben in der Höhle sein, die paar Armseligkeiten, die sich in den Wochen angesammelt hatten, hinuntertragen ins Tal, seinen Brief finden, in dem er ihr alles geschrieben hatte ... konnte sie überhaupt lesen? Er hatte sie nie danach gefragt. Aber die Mutter wird es ihr schon vorlesen oder eine Freundin, und sie wird wissen, was sie mit dem großen Geldschein anfangen soll, den er dem Brief beigefügt hatte. Für eine große Ziegenherde, hatte er geschrieben, und für einen wollenen Mantel im Winter ...

Der Kellner geleitete mit viel Aufmerksamkeit zwei neue Gäste zum Nachbartisch. Eine Mutter mit Tochter, offensichtlich vermögende Leute, nach dem Schmuck der Mutter zu urteilen und nach dem Nerzcape der Jüngeren. Sie nahmen mit dem Rücken zu ihm Platz. Die Mutter reichte der Tochter die Speisekarte. Sonderbar, dachte Macdonald in seiner Verträumtheit, warum trägt die Jüngere eine Herrenarmbanduhr? Es ist übrigens die gleiche wie meine, die ich als Pfand gegeben habe, am ersten Tag, daß ich mir von keiner anderen das Essen bringen lasse. In diesem Augenblick kam der Kellner und brachte die Vorspeisen, eisgekühlte Orangen mit Langustensalat gefüllt. Die Jüngere am Nebentisch, die Speisekarte noch in der Hand, drehte sich um, den Kellner zu verständigen. Macdonald läßt die Gabel sinken. Er traut seinen Augen nicht. Es ist das verwahrloste Mädchen, das Mädchen mit der Ziege.

In dem nächsten Film, den der bekannte Regisseur Anthony Macdonald nach seinem Urlaub in Cinemascope, Breitwand und Technicolor drehte, gab es eine

Panne. Die für die zweite Hauptrolle eines jungen Mädchens vorgesehene Darstellerin genügte den Ansprüchen des Regisseurs nicht und mußte in letzter Minute umbesetzt werden. Die neue Besetzung, eine junge Schauspielerin, die bisher nur in unbedeutenden Filmen kleine Rollen gespielt hatte und mit ihrer Mutter den letzten Sommer in Europa verlebte, brachte einen Talisman mit ins Atelier, zwei Wolldecken, auf denen sie während der Aufnahmen saß. Regisseur Anthony Macdonald schaute gelegentlich vom Regiepult zu ihr hinüber. In Fachkreisen erzählt man sich, daß dem jungen Starlet eine große Zukunft bevorstünde und Anthony Macdonald einen bekannten Drehbuchautor an einen neuen Stoff gesetzt habe, der vorläufig den Arbeitstitel »Ein verwahrlostes Mädchen« oder »Das Mädchen mit der Ziege« trägt ...

Herr Miesbach hatte die ganze Liste vor sich. Und den Bestellschein daneben.

»Stör mich jetzt nicht!« sagte er zu seiner Frau.

»Womit beschäftigst du dich?«

»Mit den armen Tieren im Winter.«

Die Frau nickte und setzte sich vor den Fernsehschirm.

Die Liste war umfangreich. Herr Miesbach kreuzte an, was er zu bestellen gedachte. Denn er war ein Tierfreund.

»Futterringe MEISENGLÜCK. Nicht billig, aber das Beste, was am Markt ist. Hanf und Weizen in feinstes Schmalz gebettet, mit echten Speckbrocken, getrockneten Würmern und gerösteten Käfern, auch Waldameisen und Wacholderbeeren ...«

»Saunabel, frisch vom Schlachthof. Ein Leckerbissen für alle Vögel. Wo ein Saunabel am Fenster hängt, ist das Glück der Vögel zu Hause. Nur Saunabel von gesunden, Tbc-freien Tieren ...«

»Speckschwarten und Speckstreifen. Sie geben den Vögeln im Winter die nötige innere Wärme. Was für die elegante Frau im Winter der Pelzmantel, ist den armen Vögeln die Speckschwarte ...«

»Vogelfutterhäuschen MONBIJOU! In einer wundervollen, den Garten zierenden Ausstattung. Bieten Sie Ihren gefiederten Lieblingen einen geschützten

Futterplatz, wo sie auch bei Regen und ohne Gefahren ihre Mahlzeiten einnehmen können. Sie werden bald Stammgäste unter den Vögeln haben, die Ihnen mit fröhlichem Gezwitscher für Ihre Gaben danken. Unser Futterhäuschen MONBIJOU ist mit einem Schutz gegen wildernde Katzen und Krähen versehen und besitzt einen automatischen, körnersparenden Futternachlauf. Wer ein Futterhäuschen MONBIJOU, oder am besten mehrere, vor seinem Haus und in seinem Garten aufstellt, gibt auch nach außen hin seine Humanität zu erkennen. (Auf Wunsch wird unser Futterhäuschen MONBIJOU auch mit Signalanlage geliefert, die eine Glocke im Haus ertönen läßt, sobald sich ein Vogel einfindet.)«

»Vogelfutter für das Futterhäuschen MONBIJOU. Auserlesene Körnerfrüchte, sonnengereift, doppelt gereinigt und vitaminbestrahlt, bester kanadischer Weizen, russischer Mais, indischer Hanf, australische Hirse, gemahlener böhmischer Mohn, dazwischen die kleinen Leckerbissen für unsere gefiederten Sänger: Tagetessamen, Wicken, Sonnenblumenkerne, gevierteIte Haselnüsse, geriebene Mandeln, gestoßene Nüsse garantieren ein völlig neues Vogelfüttergefühl ...«

»Märzwürstchen zum Aufhängen ...«

»Vogeltränken und Vogelbäder ...«

»Nistkästen und Nisthöhlen für Stare, Meisen, Buntspechte, Turmsegler, Bachstelzen ...«

Alles das bestellte Herr Miesbach, trotzdem die Preise hoch waren, denn er war ein Mann voll Humanität und ein großer Tierfreund und konnte kein Lebewesen leiden sehen, wie er immer wieder sagte. Er mußte beim Niederschreiben der kleingedruckten Bestellnummern sehr aufpassen, und das Geräusch aus dem Fernsehgerät störte ihn dabei gewaltig. Auch konnte seine Frau, die den Vorgängen auf dem Bildschirm interessiert folgte, ihr Schweigen nicht länger wahren.

»Schau hin, Heinrich! Wieviel Elend der Krieg über die Menschen bringt.«

In der Tat, auf dem Bildschirm standen Hand in Hand drei armselige, halbverhungerte Kinder aus einem Elendsquartier, hohlwangig, in zerlumpten Kleidern, die Hände gierig nach einem Stück Brot ausgestreckt.

Nach einem kurzen Blick auf den Bildschirm sagte Herr Miesbach, der Tierfreund: »Stell doch das ab! Wer will denn so etwas sehen ...«

Das schönste Mädchen der Welt

Wenn ich nicht das schönste Mädchen der Welt zur Frau bekomme, meinte Marius Mandl, nehme ich lieber gar keine.

Zugegeben, Marius Mandl konnte sich diesen Wunsch leisten, denn er nannte zwölf Millionen sein eigen. Aber die Ansprüche auf die guten Dinge der Welt wachsen mit dem Guthaben, und was ein armer Schlucker als ein bildschönes Mädchen anschaut, kann für einen vielfachen Millionär ein fades Lieschen sein. Marius Mandl hatte noch nicht das gefunden, was er suchte. Und er suchte weiter.

Eines Tages fand er sie. Marius Mandl fuhr im Nordschnellen Blitz, lehnte behaglich in einem Abteil erster Klasse und sah zum Fenster hinaus. Der Zug durchquerte gerade eine große grüne Wiese, und darauf lag sie. Sie lag nackt in der Sonne, wie sie die Götter geschaffen hatten, und nahm ein Sonnenbad. So etwas Schönes, so etwas Vollkommenes hatte Marius Mandl trotz des vielen Strip-tease und der Oben-ohne-Mode noch nicht gesehen! Schnell entschlossen sprang er auf, riß die Notbremse, der Zug stand, Marius sprang aus dem Zug und lief über die Wiese auf das Mädchen zu.

Junge Mädchen kennen sich mit Millionären wenig aus und Millionäre ebensowenig mit jungen Mädchen. Noch dazu, wenn das junge Mädchen ein schlichtes

Landkind ist und von der Welt keine Ahnung hat. Marius merkte, mit schönen Worten kam er nicht weiter. Er sprach daher gleich vom Heiraten. Dies verstand das Mädchen. Es führte Marius zu seinem Vater. Der Vater schüttelte den Kopf. Marius Mandl drückte ihm eine Million in die Hand. Da nickte der Vater. Dann kam des Mädchens großer Bruder und schüttelte ebenfalls den Kopf. Marius drückte auch ihm eine Million in die Hand, dann nickte auch der Bruder. Und so fand bald darauf die Hochzeit statt. Marius führte die Heißgeliebte in die Staaten, und sie sollen, wie man sich erzählt, ein glückliches Paar geworden sein.

Viele Jahre vergingen. Da kam eines Tages Marius Mandl wieder in das Land, wo er seine Frau gefunden hatte, und wieder saß er im Nordschnellen Blitz, und schon sah er von weitem die große grüne Wiese, auf der er damals den Zug zum Stehen gebracht hatte. In dieser Minute trat der Schaffner ins Abteil. Er ging zum Fenster und hängte ein großes schwarzes Tuch davor.

»Was bedeutet das?« fragte Marius Mandl.

»Das Tuch bleibt nur fünf Minuten.«

»Warum?«

»Eine Anordnung der Eisenbahndirektion«, erklärte freundlich der Schaffner, »da soll vor zehn Jahren ein verrückter Amerikaner durchgefahren sein und ein nacktes Mädchen auf der Wiese gesehen haben. Man erzählt sich, er habe den Zug angehalten, das Mädchen gefreit und dem Vater sowie dem Bruder des Mädchens eine Million ausgezahlt. Seit dieser Zeit liegen hier stets zur Stunde, wenn unser Expreß vorüberfährt, alle jungen Mädchen der Gegend nackt auf der Wiese — — —«

Und wo ist die Mütze?

Ich ging an einem Weiher spazieren. Wenige Leute waren unterwegs. Es war in den frühen Sonntagvormittagsstunden, wo die einen ausschlafen und die anderen sich für den Kirchgang vorbereiten. Ich nahm auf einer Bank am Wasser Platz, in meine warme Jacke gehüllt, noch war es so früh, daß die Vögel sangen und die Sonne durch den dünnen Morgennebel, der über dem Weiher lag, sich ihren Platz erkämpfte. Ich dachte über die Menschen nach und über meinen Beruf, den ich verfehlt hatte. Viel lieber wäre ich statt meiner jetzigen Arbeit, die im hohen Alter ihren Sinn zu verlieren beginnt, wenn man auf der dritten Stufe der Erfolgsleiter stehengeblieben ist, Gärtner geworden; ein Mann, der früh mit dem Spaten in seinen Garten geht und erst in der Dämmerung des Tages ins Haus zurückkehrt. Ich könnte heute Herr über 65 000 Rosenstöcke sein — ich könnte — nach meinen Jahren gerechnet — heute unter den breitausladenden Bäumen sitzen, die ich selbst in meiner Jugend gepflanzt hatte, die mir gehörende Wiese am Rande der Stadt in einen Park verwandelnd, mit Fliederhecken und Jasmingehölzen, in denen die Drosseln brüten, den Zaun ringsum längst niedergerissen, damit sich die Jugend darin ergeht, die Kinder im Herbst mit den braunen Kastanien spielen, die Verliebten unter dem Ahorn sitzen, dessen Blätter im Herbst jedes Jahr erröten unter dem Eindruck, was sich einen Sommer lang unter seinen schützenden Zweigen abgespielt hat — ein Gärtner hätte ich werden wollen, der nur einen winzigen Teil dazu tun muß, am Ende seines Lebens vom Erfolg gekrönt zu sein, ein Gärtner, der mit dem lieben Gott per du ist und der sich nicht jeden Tag neu nach frischen Semmeln anstellen muß, sie zu verdienen und sie zu verzehren.

Plötzlich hörte ich ein paar Meter rechts von mir das aufgeregte Klingeln eines Radfahrers, einen Aufschlag, ein gewaltiges Plätschern des Wassers und kurz darauf den Aufschrei einer kindlichen Stimme, die aus dem Wasser kam. Ich besann mich keinen Augenblick, eilte zu der Stelle, von der die Hilferufe kamen, und sah einen Knaben im Wasser kämpfen, kurz vor dem Wehr, wo der Weiher angestaut war. Ich streifte meine Jacke herunter und sprang, so wie ich war, zu dem Jungen hinunter, der mit dem Sog des Wassers kämpfte, und zog ihn heraus. Wie lange das alles dauerte, ehe ich diesen des Schwimmens unkundigen Jungen ans Ufer gebracht hatte, der bereits eine Menge Wasser geschluckt, vermag ich rückblickend nicht mehr festzustellen, ja ich fand sogar sein Rad, das von dem schmalen Wehrpfad, auf dem der Junge offenbar seine Kunststücke versucht hatte, ins Wasser abgeglitten war, und zog es heraus. Meine Kleider waren voll Wasser, nicht weniger als die des Jungen, der sich rasch erholte. Ich steckte ihn in meine trokkene Jacke, die an der Innentasche meine Adresse enthielt, und bat ihn, sie mir am nächsten Tag wiederzubringen, ehe ich ihn heimschickte, glücklich, einem neunjährigen Jungen, der, wie er mir gestand, wegen seines schwachen Herzens nicht das Schwimmen gelernt hatte, das Leben gerettet zu haben.

Am nächsten Tag läutete bei mir das Telefon. Ich lag mit ein wenig Fieber in Decken gehüllt, das unfreiwillige Bad des Vortages und meine nassen Kleider waren nicht ohne Folgen geblieben. Als das Telefon zum drittenmal läutete, meldete ich mich mit meiner Nummer.

Eine etwas herausfordernde Männerstimme fragte:

»Sind Sie der Mann, dem die Jacke gehört?«

»Ja«, sagte ich, »mit wem spreche ich?«

»Haben Sie gestern am Stadtweiher einen Jungen aus dem Wasser gezogen, einen Jungen und ein Fahrrad — stimmt das?«

»Ich kam glücklicherweise gerade im richtigen Augenblick. Sind Sie der Vater? Wie geht es dem Jungen?«

»Vollauf wieder in Ordnung«, sagte der Vater, »auch das Rad ist wieder geputzt, es war eine Sauarbeit —«

»Es sah schlimm aus!«

Ich hörte eine Weile nichts, dann kam die Stimme des Vaters wieder, und jetzt hatte sie einen inquisitorischen Klang:

»Der Junge hatte, ehe er ins Wasser fiel, eine Mütze auf — und wo ist die Mütze?« —

Urlaub vom vorigen Jahr

Er nahm dieses Jahr seinen Urlaub vier Wochen früher als im vergangenen Jahr. Wenn man eine gute Position hat und zu den bewährten Angestellten einer Bank gehört, kann man sich dies einteilen. Die 18 Tage Urlaubszeit kann man zwar nicht beliebig verlängern, das geht nach den Lebensjahren, und mit neunundzwanzig stehen einem noch keine vier Wochen Urlaub zu, aber auch 18 Tage kann man mit Erholung und Erlebnissen füllen. In 18 Tagen, wenn man am ersten beginnt, kann man das Glück seines Lebens finden, einem jungen Mädchen die verliebtesten Dinge sagen und sie nach Herzenslust küssen. Das müßte doch mit dem Gottseibeiuns zugehen, wenn sie sich nach 18 Tagen intensiver Liebeswerbung nicht entschließt, die Unsere zu werden.

Anselm Dietz tat dazu, was er konnte, und er tat recht daran.

Wie war es denn im vorigen Jahr gewesen? Da hatte Anselm sich seinen Urlaub erst spät genommen und sich im großen Gutshof bei der Schönauerin einquartiert, einer recht ansehnlichen Witwe mit drei erwachsenen Kindern, die im Sommer einige Zimmer ihres großen, behaglichen Hauses gern an Fremde vermietet. Nicht daß es ihr auf die klingende Münze angekommen wäre, sie liebte Menschen im Haus und legte Wert auf das Ansehen ihrer wenigen Gäste. Wer seine Urlaubszeit auf Gut Schönauer verbrachte, hatte das Paradies auf Erden. Er konnte nach Herzenslust im eigenen Forellenwasser fischen, Kaninchen jagen, in der Mühle Reusen für Aale legen, kein Zaun war um die Obstbäume und Beerensträucher im Garten gezogen, Himbeeren und Erdbeeren standen in reicher Pracht, nach dem Mittagessen gingen die Fremden in den Garten und holten sich selbst ihren Nachtisch vom Strauch und Baum, und manch einer zupfte sich schon vorher eine gelbe Möhre oder ein paar Erbsen.

Anselm Dietz, ein Angestellter gleich hundert anderen, traute seinen Augen nicht, als er bei der Schönauerin sein Urlaubsquartier bezog. Das war am Anfang gar nicht so leicht gewesen, denn die Zimmer der Schönauerin waren den ganzen Sommer über besetzt, ein Apothekerehepaar aus Bremen kam schon das fünfte Jahr, und als Anselm Dietz am Ende der Schulferien aufkreuzte, war kein Zimmer frei. Aber da er sich aufs Bitten verlegte und die Hausfrau ihn überaus sympathisch fand, auch von hoher Statur und mit offenem Gesicht, machte sie ihm den Vorschlag, die ersten zwei Tage in einer leeren Knechtkammer zu hausen und dann das Zimmer ihrer Tochter zu beziehen, einer Junglehrerin aus Wien, deren Ferien in zwei Tagen zu Ende gingen, dann stünde das Zimmer sowieso frei. Anselm tat, wie ihm vorgeschlagen. Er wollte seinen schweren Urlaubskoffer nicht weiter tragen, außerdem hatte ihn die Behaglichkeit des Hauses bereits gefangengenommen.

Als er am ersten Abend zum gemeinsamen Abendessen erschien und sich den anderen Gästen des Hauses vorstellte, erblickte er ein junges Mädchen, bei dem es ihm ein wenig die Rede verschlug.
»Das ist meine Tochter Annemarie«, sagte die Schönauerin, »sie verläßt uns in den nächsten Tagen. Darum sind unsere Abendessen zum Abschied ein wenig reichhaltig, denn so eine junge Lehrerin in Wien kann von ihrem schmalen Gehalt keine großen Sprünge machen, da muß sie sich vorher bei Mutter noch einmal richtig anessen.«
»Aber Mama!«
»Ich sag's, wie's ist! Nun setzt euch und langt zu!«
Annemarie Schönauer saß Anselm direkt gegenüber, und er hatte Zeit, sie so recht nach Herzenslust zu betrachten. Er tat es auch, viel aufmerksamer, als es vielleicht schicklich gewesen wäre. Aber war Annemarie nicht selbst schuld daran? Auch sie hob ihre Augen öfters den seinen entgegen, errötete, wenn er sie ansprach, verschluckte sich vor lauter Verlegenheit — solche Sachen passieren auf der Welt, da tut keiner etwas dazu, und plötzlich ist es geschehen.
»Warum ißt du nichts, Annemarie?« fragte die Mutter.
»Ich muß immer daran denken, daß ich dich und das Haus übermorgen verlasse.«
Aber das war nicht der Grund. Und als sie es sagte, sah sie Anselm an, als ob ihre Worte ihm galten.
Was soll ich ein langes und breites erzählen, wenn

die Dinge nun einmal so gediehen sind wie schon in der ersten Stunde ihrer Begegnung? Natürlich haben sich die zwei geküßt, nicht erst am Tage des Abschieds, sondern schon am ersten Abend, als Annemarie ihm das Forellenwasser zeigte und mit ihm zur Mühle hinunterging. Ob es die Mutter nun merkte oder nicht – und nichts ist für einen verliebten Mann schöner, als wenn es die Mutter merkt und ihre Zustimmung dazu gibt, daß sich zwei gern haben. Man spricht so leichthin von Mutters Segen, und doch ist derjenige glücklich zu preisen, der ihn erringt –, jedenfalls wunderte sich die Schönauerin nach dem Weggang ihrer Tochter nicht wenig, daß ihr Urlaubsgast nicht das Zimmer ihrer Tochter bezog, sondern seinen Koffer packte und nach einem Telegrammwechsel mit seiner Bank nach München zurückfuhr, um seinen Urlaub abzubrechen und seine Arbeit wiederaufzunehmen.

»Das war aber ein kurzer Urlaub«, sagte sie, »hat es Ihnen bei uns nicht gefallen!?«

»Wenn ich nächstes Jahr wiederkommen darf?« fragte Anselm.

»Wissen Sie schon, wann Sie kommen können?«

»Ja. Vier Wochen früher als diesmal.«

So kam er dieses Jahr vier Wochen früher als im vorigen Jahr. Genau zu Beginn der Schulferien, als auch Annemarie aus Wien eintraf. Es folgten verliebte glückliche Tage. In den letzten beiden Tagen sprach er davon, daß sein Urlaub zu Ende gehe, er aber nicht gern das Gut verließe, ohne daß sie sich bei der Mutter offenbarten.

»Mutter weiß es längst, wie es um mich steht«, sagte Annemarie.

»Aber ich muß sie doch fragen, ob sie dich mir gibt! Und ich habe nur noch zwei Tage Zeit, dann muß ich in die Stadt zurück.«

»Frag Mutter morgen am Sonntag. Nach dem Kirchgang ist sie immer besonders milde gestimmt.«

»Also gut, aber dann haben wir nur noch einen Tag, wo wir als verlobt gelten.«

»Ist das anders als jetzt?«

»Hundertmal anders! Ich bin dann hundertmal stolzer!«

»Verliebter können wir beide nicht sein.«

»Aber wir können es dann zeigen!« sagte Anselm. Wo er recht hat, hat er recht.

Eine Verlobung, auf die am Tag darauf das Urlaubsende und die Trennung der Liebenden folgt, ist ein hartes Geschick. Aber wenn der Urlaub nun einmal zu Ende ist, kann man die Stunde des Abschieds nicht aufhalten. »Geht noch einmal durch den Garten«, sagte die Mutter am letzten Abend, »vielleicht habt ihr euch noch einiges anzuvertrauen, was noch ungesagt blieb.«

»Was sollte das sein?« fragte Annemarie verwundert.

»Oft weiß eine Mutter mehr als ihr Kind«, sagte die Schönauerin. »Nun hinaus in den Mondschein!«

Auch der Mond mindert nicht die Tränen der Trennung.

»Wann werden wir uns wiedersehen, Anselm?«
»Früher, als du glaubst.«
»Es waren zauberhafte Tage! Ich werde sie nie vergessen!«
»Der nächste Urlaub wird noch schöner sein!«
»Im nächsten Jahr!« sagte Annemarie, und jetzt müssen wir sie einmal tief seufzen lassen, denn sie hat während der ganzen Geschichte noch nicht tief geseufzt.
»Wer spricht vom nächsten Jahr?« fragte Anselm.
»Du hast doch dieses Jahr deinen Urlaub schon hinter dir.«
Da ließ Anselm die Katze aus dem Sack und das Vögelchen frei und sagte:
»Eben nicht! Die vergangenen Tage waren mein Urlaub vom vorigen Jahr, auf den ich damals wohlweislich verzichtete. Morgen erst beginnt mein diesjähriger Urlaub!«
So kann's gehen, wenn sich die Herzen gefunden haben!

Grüne Bohnen, rote Äpfel

Herr Schmidt ist ein Mann wie viele. Der Name Schmidt sagt alles. Er hat weder ein Von vornweg noch ein Vermögen hinter sich. Er ist Beamter im Landwirtschaftsministerium, Gehaltsklasse 3 b, pensionsberechtigt, mit 40 Arbeitsstunden in der Woche, einem unschönen Schreibtisch, zwanzig Minuten von seiner Wohnung mit der Straßenbahn ins Ministerium. Wenn er eines Tages gestorben sein wird, fällt es nicht weiter auf, ein anderer rückt an seine Stelle. So unwichtig ist Herr Schmidt.

Aber noch lebt er. Mit einem bescheidenen Gehalt und seiner Frau mit drei gesunden Kindern. Seine Frau ist eine gute Frau, sparsam, umsichtig, Hausfrau und Mutter, Ehefrau aus dem vollen. Sie hält das Geld zusammen. Es bleibt ihr bei dem Einkommen ihres Mannes auch nichts anderes übrig.

Herr Schmidt geht früh ins Büro.

Seine Frau streicht ihm die Frühstücksbrote und drückt ihm einen roten Apfel in die Hand.

»Oh, ein Apfel!« sagt Herr Schmidt erfreut. »Kann ich zwei haben?«

»Die Kinder wollen auch einen Apfel.«

»Ein Apfel kostet kein Vermögen. Gib jedem zwei.«

»Bei den heutigen Preisen und unserem Einkommen? Weißt du, was Äpfel kosten?«

Zu Mittag kommt Herr Schmidt nach Hause.

Es gibt grüne Bohnen.
Die Bohnen schmecken köstlich. Frau Schmidt versteht zu kochen.
Herr Schmidt hält zum zweitenmal seinen Teller hin.
»Dasselbe bitte noch einmal!«
»Ich habe nichts mehr. Es waren zwei Pfund.«
Auch die Kinder schieben ihren Teller zur Mutter.
»Bitte noch!«
»Es tut mir leid. Die Schüssel ist leer.«
»Warum kochst du nicht mehr?«
»Bei unserem Einkommen und den heutigen Preisen? Bohnen sind sündhaft teuer. Weißt du, was Bohnen kosten?«
Zum Schluß für den Vitaminhaushalt gibt es für fünf Personen ein Häuptel Salat. Es sind für jeden zwei Blatt. Der Kopf kostet 35 Pfennig.
Nach dem Essen fährt Herr Schmidt wieder mit der Straßenbahn ins Ministerium. Eine neue Verordnung ist herausgekommen, und er muß sie heute noch zu Papier bringen. Er ruft Fräulein Krause, seine Sekretärin, und diktiert:
»Die Einfuhr billigen Gemüses und Obstes (Salat, Bohnen, Äpfel) aus dem Ausland ist zur Erhaltung eines stabilen Preisgefüges mit dem heutigen Tage verboten.«
Herr Schmidt diktiert es, und es fällt ihm nichts dabei auf.

Heidelberger Romanze

Als der amerikanische Millionär Jim Snyder das Ende seiner Tage kommen fühlte, überdachte er alles, was er im Leben getrieben hatte, und seufzte schwer.

»Ich sterbe ohne Erben«, sagte er, »ich war nie verheiratet, meine Verwandten sind in alle Winde zerstreut, ich kenne keinen einzigen, und mein ganzes Vermögen kommt in fremde Hände. Dabei . . .«

»Ein Einwand?«

»Ein gewichtiger! Ich habe einen Sohn«, sagte der Millionär. »Als ich in meiner Jugend in Heidelberg studierte, verliebte ich mich Hals über Kopf in meine filia hospitalis, in die Tochter meiner Hausfrau. Anne Meier hieß sie. Wir liebten uns so heiß und innig, daß sie mir eines Tages gestand, sie hätte mir einen Knaben geboren. Der Zufall wollte es, daß ich am Tage nach diesem zärtlichen Geständnis Heidelberg verlassen mußte und ich nie wieder etwas von ihr und meinem Sohn hörte. Wie schön wäre es für mich, einen Sohn zu haben . . .«

Der Gedanke ließ Jim Snyder nicht wieder los. Unbeirrbar davon überzeugt, daß sein Sohn noch am Leben sei, versuchte er, ihn durch große Suchanzeigen in den Zeitungen ausfindig zu machen, damit er nach Amerika käme und er ihn, bevor er sterbe, umarmen und ihm sein Vermögen vererben könnte. Eines Tages hatten seine Nachforschungen Erfolg.

»Der Sohn meldete sich?« fragte der Notar.

»Ja. Das heißt — genauer gesagt —, es meldeten sich zehn Söhne, die alle eine unverehelichte Mutter namens Meier hatten, die alle zur fraglichen Zeit in Heidelberg geboren waren und einen Amerikaner als Vater hatten, der bei ihrer Geburt ohne Hinterlassung einer Adresse in die Staaten zurückgefahren war.«

»Was geschah weiter?«

Der Millionär seufzte.

»Ich ließ alle zehn kommen. Sie warten unten in der Halle.«

Zehn Herren standen in der Halle. Sie waren alle vom gleichen Wuchs, alle vom gleichen Jahrgang, alle hießen Meier mit ei und harrten der Erbschaft. Nachdem sie sich miteinander bekannt gemacht hatten, behauptete jeder, er allein sei der echte Sohn, und alle anderen wären Schwindler. Sie stritten noch, als der Millionär von oben herunterkam und zwischen sie trat.

»Meine Herren Söhne«, sagte der Millionär, »nachdem ich eure Pässe und Papiere geprüft habe, kann jeder von euch als mein leiblicher Sohn in Frage kommen. Ich selbst, nachdem ich meinen Sohn nur kurz nach seiner Geburt gesehen habe, finde in euern Gesichtszügen nichts Vertrautes. Denke ich an die Mutter und betrachte euch, so fehlen mir die Erinnerungen. Ich will darum den einzigen Weg versuchen, der mir bleibt, eure wahre Identität festzustellen. Ich habe eine Frage an euch. Wer sie richtig beantwortet, wie ich es erwarte, wird mein Erbe. Denn dann hat er den Charakter seines Vaters, und bekanntlich fällt ja ein Apfel nicht weit vom Stamm.«

»Die Frage, Vater!« riefen alle ungeduldig.

Der Millionär lächelte ein wenig vor sich hin.

»Wie würdet ihr euch verhalten, wenn ihr ein Mädchen liebt, und sie sagt euch eines Tages, daß sie ein Kind erwartet?«

Die Erben merkten sofort, worauf es ankam.

Der Charakter des Vaters! Das einzige Merkmal!

»Genau wie du, Vater«! riefen sie schnell, einer Stimme und eines Sinnes, »genau wie du, Vater — abhauen und verduften!«

Nur einer hatte geschwiegen.

Er sagte jetzt, nachdem die anderen geredet hatten: »Wahrscheinlich bin ich doch nicht Ihr Sohn — denn wie sehr ich mir auch wünsche, das Erbe anzutreten: wenn ein Mädel, das ich liebe, von mir ein Kind bekommt, würde ich alles stehen- und liegenlassen und sie sofort heiraten!« Der Millionär nickte.

»Du bist mein wahrer Sohn. Denn selbst wenn du es leiblich nicht bist, sollst du es von heute an sein. Ich konnte nämlich damals deine Mutter nicht heiraten, ein Krieg kam zwischen unsere Länder, es gab für mich keine Möglichkeit, zurückzukommen, und als der Krieg zu Ende war, fand ich von ihr und meinem Sohn keine Spur. Du hast also mit deiner Antwort genau das gesagt, wie mir es damals ums Herz war. Den anderen Herren aber danke ich — ihre Rückflugkarten liegen draußen im Vorzimmer.«

Kleiner Mann kauft Aktien

Als ich ihn vor zwei Jahren kennenlernte, besaß er einen kleinen, gutgehenden Milchladen. Dann verschwand er aus meinem Blickfeld, und in seinem alten Laden verkaufte ein anderer die Milch. Gestern sah ich ihn wieder. »Wo waren Sie die ganze Zeit?« fragte ich ihn. Er erzählte es mir.

»Ich habe vor zwei Jahren meinen Milchladen gut verkaufen können«, sagte er, »mit dem Erlös bin ich dann, dem Zug der Zeit folgend, in die Börse eingestiegen und habe mein Geld in Aktien angelegt.«

»Eine gute Idee!«

»Eine blendende sogar! Ich ließ mich von meiner Bank beraten, da ich ja nichts von Aktien und der Börse verstand, und kaufte Versicherungsaktien. Die Versicherungsaktien kamen, und ich habe sehr gut daran verdient. Außerdem machte es Spaß, plötzlich den Kurszettel zu lesen und zu sehen, wie jeden Tag mein Geld mehr wurde. Ich hatte, wie man so sagt, Blut geleckt, und eines Tages stieg ich auf Anraten meines Freundes auf Chemieaktien um. Ich kam gerade noch zu einer Spezialhausse zurecht und verdoppelte in Kürze mein Vermögen. Dann verkaufte ich.«

»Sie verkauften?«

»Um groß in Brauereiaktien einzusteigen«, sagte er, »die Kurse kletterten ins Gigantische. Ich war jetzt ein gemachter Mann. Was habe ich mich doch früher mit meinem Milchladen plagen müssen! Heute verdiente ich an einem guten Börsentag oft mehr, als mir mein Milchladen mit all seiner Arbeit und dem Ärger das ganze Jahr gebracht hatte.«

»Sie hatten großes Glück«, sagte ich.

»Glück ist Geschick«, widersprach er, »man muß Köpfchen haben. Ich verstand jetzt schon, den Kurszettel richtig zu lesen und die Chancen zu erkennen, wo sie lagen. Dabei erkannte ich, daß Bankaktien vernachlässigt waren und in Kürze mit ihren Kursen nachziehen würden. Ich stieg also auf Bankaktien um. Mein Gefühl hatte mich nicht betrogen. Es kam eine Sonderhausse in Bankaktien. Ich besaß jetzt ein Vermögen. Als es zu einer Kurskonsolidierung kam, verkaufte ich schnell alle Aktien, die ich besaß, und kaufte zurückgebliebene Werte, die die letzten beiden Haussen nicht mitgemacht hatten. Ich stieg auf Montanaktien um, deren niedere Kurse jeden, der nur etwas von der Börse versteht, aus dem Schlaf reißen mußten. Ich verkaufte alles und legte mein ganzes Vermögen in vernachlässigten Werten an, ich wollte einen ganz großen letzten Coup landen, ich überzog mein Konto, ich verpfändete meine Villa, die ich mir inzwischen gekauft hatte, ich borgte mir von Freunden, Bekannten und Verwandten, die mein Tun mit neidvoller Bewunderung verfolgt hatten, was sie an Geld nur besaßen, und kaufte dafür Aktien.«

»Und jetzt?« Er sagte demütig:

»Jetzt habe ich wieder einen kleinen Milchladen.«

»Hör zu, Brigitte!«

Viktor rief seine Frau vom Geschäft an.
»Hör zu, Brigitte«, sagte er, »wollen wir uns nicht heute abend einen schönen Abend machen? Es ist herrliches Wetter, ich mache mich früher frei und hole dich gegen sechs Uhr daheim ab. Ich freue mich sehr auf diesen Abend mit dir. Zieh dich schön an, und wir fahren irgendwohin ins Grüne und essen junge Hühnchen mit Gurkensalat und frische Erdbeeren.«
Brigitte antwortete keineswegs begeistert:
»Was ficht dich an, Viktor? Du weißt doch, daß ich heute abend meinen üblichen Bridgeabend habe und die Damen zu mir kommen ...«
Am nächsten Tag rief Viktor vom Geschäft abermals seine Frau an.
»Hör zu, Brigitte«, sagte er, »nachdem wir gestern nicht aus waren, könnten wir es doch heute nachholen?«
Brigitte bedauerte.
»Es geht leider nicht, Viktor. Ich bin heute nachmittag im Schönheitssalon angemeldet. Ich lasse mich verschönern und verjüngen. Das dauert ...«
Am Mittwoch ergriff Viktor zum drittenmal den Hörer.
»Hör zu, Brigitte«, sagte er, »wie denkst du über heute abend? Wollen wir hinaus ins Grüne und junge

Hühnchen und Erdbeeren essen und spazierengehen?«
Brigitte antwortete:
»Sei mir nicht böse, Viktor, aber heute ist Mittwoch. Mittwoch kommt immer im Fernsehen die neue Folge ›Richard Simpel auf der Flucht‹. Du weißt, wie gespannt ich jeden Mittwoch auf die neuen Folgen bin.«
Das schöne Wetter hielt auch Donnerstag noch an.
»Hör zu, Brigitte!« rief Viktor am Nachmittag daheim an, »wollen wir heute Hühnchen essen?«
Brigitte sagte verzweifelt:
»Liebster Viktor! Es ist wie verhext. Ausgerechnet heute hat meine Freundin Henriette Geburtstag, und ich bin bei ihr eingeladen. Sie wäre bitterböse, wenn ich ihr absagte. Kannst du mich verstehen, Viktor?«
Dem Donnerstag folgte der Freitag.
Die Hühnchen waren immer noch nicht gegessen.
Viktor nahm den Hörer und wählte seine Wohnung.
»Hör zu, Brigitte«, sagte er, »wollen wir —«
Brigitte unterbrach:
»Muß das heute sein, Viktor? Du bist ausgeruht, du warst nur im Geschäft, aber ich habe den ganzen Tag meine Nylonwäsche gewaschen, Silber geputzt, Staub gewischt und überall frische Blumen in die Vasen getan. Ich bin hundemüde und ginge am liebsten um sechs Uhr ins Bett.«
Am Samstag machte der geduldige Ehemann einen neuen Versuch.
»Hör zu, Brigitte«, telefonierte er . . .
Er kam nicht weiter. Brigitte antwortete ihm empört:

»Aber Viktor! Wie kann dir entfallen sein, daß heute Sonnabend ist und ich heute abend im Frauenklub meinen Vortrag ›Wie erhalte ich mir meine glückliche Ehe?‹ wiederhole?«
Da legte Viktor den Hörer auf, ging ins Vorzimmer, sah seine Sekretärin an, die sehr anmutig war und deren Schönheit ihm jetzt in dieser Minute zum erstenmal auffiel, und sagte zu ihr:
»Wie wäre es, Annette . . . das Wetter ist schön, würden Sie heute mit mir ins Grüne fahren und irgendwo junge Hühnchen mit Gurkensalat und frische Erdbeeren essen . . .?«

Umgang mit Mimosen

Mimosen sind überempfindliche Pflanzen. Sieht man sie nur schief an, schon rollen sie ihre Blätter beleidigt zusammen und nehmen übel. Hausgehilfinnen gleichen diesen Blumen. Nennen wir sie daher kurz Mimosen. Doch nein, nennen wir die Mimosen lieber Hausgehilfinnen.

Der Hausgehilfin von heute gebührt das schönste Zimmer in der Wohnung, möglichst nach Süden gelegen, mit Morgensonne, Balkon und eigenem Bad. Ist nur ein Bad in der Wohnung, so richten sich der Hausherr und die Hausfrau nach den Bedürfnissen ihrer Hausgehilfin.

Ertönt zur nächtlichen Stunde eine männliche Stimme aus dem Zimmer der Hausgehilfin, so ist es die ihres Bruders, Schwagers, Bräutigams oder Vetters ersten, zweiten oder dritten Grades. Ruhe zu gebieten, hätte eine Störung der Nachtruhe im weiten Umkreis zur Folge.

Sollte der Hausgehilfin kein eigener Fernseher zur Verfügung stehen, so entscheidet bei der Auswahl des Fernsehprogramms natürlich die Stimme der Hausgehilfin.

Es empfiehlt sich, bei dem Erstellen des Speisezettels sich nach dem Geschmack und dem Geburtsland der Hausgehilfin zu richten. Sei es griechisch, türkisch, jugoslawisch oder italienisch. Die Hausgehilfin, falsch ernährt, wird leicht bei der Arbeit von Unwohlsein oder Übelwollen befallen.

Das Kind der Hausgehilfin gehört während der Ferien ins Haus. Das eigene Kind gehört, um Arbeit zu ersparen, in ein Ferienlager oder ein Internat.

Man frage nach dem Lieblingsschauspieler, dem Lieblingssänger, dem Lieblingssportler, dem Lieblingstier und trete dem jeweiligen Klub bei. Einen anderen Filmschauspieler, Schlagersänger, Sportler oder ein anderes Tier in ihrer Gegenwart auch nur zu loben, widerspricht dem Takt und der Vernunft.

Es ist selbstverständlich, daß die Hausfrau der Hausgehilfin bei ihrer Arbeit hilft. Es empfiehlt sich jedoch, sich darauf einzustellen, ob die Hausgehilfin bei der Arbeit Wert auf eine Unterhaltung legt. Noch besser, als selbst zu reden, ist es für eine Hausfrau, schweigend zuzuhören und an den meist traurigen Kindheitserinnerungen der Hausgehilfin und ihren Liebesenttäuschungen Anteil zu nehmen.

Wünscht eine Hausgehilfin sich eine Raumpflegerin für ihren Raum oder zu ihrer Gesellschaft, weil die Hausfrau berufstätig ist, so prüfe man ihren Vorschlag mit Verständnis und Wohlwollen.

Der Hausgehilfin steht das Telefon frei zur Verfügung. Man hüte sich, ihr bei Ferngesprächen anzuraten, erst nach sechs Uhr zu telefonieren, weil es dann billiger ist. Sie würde es als höchst kleinlich und schäbig empfinden.

Wird unsere Hausgehilfin am Vormittag und am

Nachmittag oder in der Nacht bis zu zehnmal angerufen, so befleißige man sich allergrößter Höflichkeit dem Anrufer gegenüber und hole die Hausgehilfin sofort herbei und verlasse dann das Zimmer. Man schaue auch nicht jede Stunde herein, ob das Gespräch endlich beendet sei, sie könnte es schief auffassen ...
Eine Hausgehilfin, die auf sich hält, nimmt von Gästen kein Bargeld als Trinkgeld. Es würde ihre Menschenwürde verletzen. Am besten, man bringe ihr ein sorgsam ausgewähltes Geschenk mit Umtauschrecht mit und überreiche es ihr beim Kommen.
Betritt ein Besucher die Wohnung, so sei sein erster Weg in die Küche, die Hausgehilfin zu begrüßen und sich für sein Kommen und die Mehrarbeit höflich zu entschuldigen. Den Namen der Hausgehilfin zu behalten, ist heute zum geselligen Umgang innerhalb der Familien wichtiger als der Name des Hausherrn und die Telefonnummer der Hausfrau.
Ein kleines Quentchen Wahrheit ist in allen meinen Geschichten. Hier ist es aber eine Tonne ...

Enten

Eines Tages fragte Kitty, meine Frau:
»Was wünschst du dir eigentlich zum Geburtstag, Johannes?«
»Bienen«, sagte ich.
Kitty stand starr.
»Bienen?« wiederholte sie. »Du wünschst dir immer so dumme Sachen zum Geburtstag!«
Ich wußte, worauf Kitty hinauswollte. Darum zog ich sie schnell auf meine Knie, küßte sie und redete ihr gut zu.
»Du weißt nicht, was Bienen für mich bedeuten«, sagte ich, »ganz abgesehen von der Schönheit des Bienenfluges und dem Geruch des frischen Honigs neben dem Haus und der Wirtschaftlichkeit, denn aus dem Ertrag eines Bienenvolkes kann nach der Volksmeinung man einen Sohn studieren lassen, sind sie für mich eine seelische Entlastung. Bedenke, jede Mark, die wir bisher ausgaben, mußte ich selbst verdienen. Wenn ich aber Bienen halte, kann ich auch einmal die Hände in den Schoß legen, denn draußen sind die Bienen fleißig, sie fliegen aus, sie tragen ein, 100.000 Arbeitsbienen oft in einem Volk und alle für mich beschäftigt. Ahnst du, was das für mich bedeutet, nicht mehr allein auf meiner Hände Arbeit angewiesen zu sein? Auch einmal andere für sich schaffen zu lassen? Während ich mich früh im Bett

noch einmal umdrehe, arbeiten die Bienen schon emsig für mich – wenn ich frühstücke oder zu Mittag esse, die Bienen sind unterwegs. Drei Zentner Honig gibt ein Volk in guten Jahren. Wenn ich nur mit zehn Völkern beginne, das sind 30 Zentner Honig im Jahr, den Zentner nur mit 300 veranschlagt, das sind 9000 Mark im Jahr nebenbei! Ein Ministergehalt!«

»Was du mir jetzt von den Bienen erzählst, Johannes«, antwortete Kitty, »hast du mir voriges Jahr wörtlich von den Hühnern erzählt. Während du dich früh im Bett noch einmal umdrehst, legen die Hühner schon Eier. Jedes Huhn legt im Jahr 300 Eier, bei 100 Hennen sind es 30.000 Eier, das Stück zu zwanzig Pfennig, das sind 6000 Mark im Jahr, ein Ministergehalt!

Ich ließ mich von dir zu Hühnern überreden, ich dumme Gans! Ich sagte auch dann noch nichts, als du von Hühnern plötzlich auf Enten umsatteltest. Du zeigtest mir ausgeklügelte Prospekte der Entenfarmer, in denen schwarz auf weiß zu lesen stand, wie man im Handumdrehen ein reicher Mann wird, wenn man Enten züchtet und mästet. Ich gab nach. Wir begannen. Ein Brutapparat mußte zum Geburtstag her, ein elektrisches Kükenaufzuchtsheim, von den Trögen, Tränken, Knochenmühlen und der vielseitigen Fachliteratur gar nicht zu reden, geschweige von der kostspieligen Anlage eines Ententeiches im schönsten Teil unseres Gartens, wo bisher die Rosen standen.«

»Die Rosen hatten Blattläuse!« warf ich ein.

»Als du sie gekauft und gepflanzt hast, hatten sie sie nicht!« fuhr Kitty fort. »Noch an deinem Geburtstag begannst du zu brüten, hundert Enteneier auf einmal. Die Bruteier kosteten ein Vermögen. Aus den 100 Eiern wurden tatsächlich 100 Entlein. Du warst stolzer auf sie als auf deine eigenen Kinder. Durch deinen Erfolg angeregt, legtest du sofort abermals 100 Eier in den Brutofen und nach vier Wochen abermals 100 Eier, denn wenn wir schon reich werden wollten, wollten wir schnell reich werden.
Die Enten wuchsen heran, eine Hundertschaft nach der anderen, und bald marschierten schnatternd und quakend dreihundert Entlein durch unseren wunderschönen Garten.«
»Eine wahre Augenweide!« sagte ich.
»Für die Enten war es mehr eine Salatweide!« widersprach Kitty. »Wir bekamen in diesem Jahr kein Blatt Salat von unseren Beeten. Es heißt auch, daß Enten die Schnecken vertilgen, die sonst den Erdbeeren gefährlich werden. Zugegeben, sie taten es, die Enten fraßen die Schnecken, sie fraßen aber als Nachtisch auch noch die Erdbeeren dazu. Es war also gehupft wie gesprungen.«
Das war ein trübes Kapitel, ich erinnere mich. Die Enten mußten gehütet werden, und wir verloren bei dieser Gelegenheit unseren ersten Schwiegersohn. Ich hatte ihn, einen jungen Apotheker, mit einem Buch in den Garten gesetzt und gebeten, auf die kleinen Enten aufzupassen. Er tat es. Als ich am Abend die

Herde zählte, fehlten fünf Stück. Des Nachbars Katze hatte sie gefressen, wie sich herausstellte. Als ich dies erfuhr, schrie ich in meiner ersten Wut meinen Schwiegersohn an, selbst dazu sei er also zu blöd! Er aber war klug genug, den nächsten Zug zu nehmen und unsere Tochter sitzenzulassen. Wenn meine Tochter heute eine Ente sieht, denkt sie wehmütig an den jungen Mann.
In den Prospekten steht, daß Enten, richtig gemästet, in drei Monaten schlachtreif sind. Unsere waren es auf den Tag. Alle vier Wochen auf den Tag genau hundert fette schlachtreife Enten, zusammen dreihundert. Wir aßen die erste Ente. Es war ein Feiertagsschmaus. So gut wie unsere Ente war keine auf der Welt. Wir brieten die zweite Ente. Es war ein Sonntagsessen. Wir schlachteten die dritte und die vierte, bei der fünften machten wir schon Gulasch daraus, und zur sechsten luden wir Gäste ein. Von der zehnten Ente ab konnten wir Entenbraten nicht mehr sehen, und der Geruch von Entenfett jagte uns aus der Küche. Aber wir hatten immer noch 285 Enten, die sofort verzehrt werden mußten, denn sonst bilden die Tiere Federn und gehen enorm im Gewicht zurück. Nun kann man Enten auch verkaufen. Aber wir hatten törichterweise Buch geführt, was uns jedes Stück an Pflege und Futter kostete. Wir kamen auf das Dreifache von dem, was Enten auf dem Markt kosteten. Ich hätte also beim Verkauf einer Ente so viel eingebüßt, daß ich praktisch zwei dazu hätte geben müs-

sen. Das erschien mir unrentabel und dumm. Und ich bin nicht gern der Dumme.

»Also begannst du die Enten zu verschenken«, fuhr Kitty fort.

»Ja«, sagte ich. »Ich wollte mir mit ihnen Freunde gewinnen. Jeder Gast bekam bei uns zum Entenbraten beim Heimgehen noch eine Ente gerupft, gesengt und ausgenommen, eingepackt und verschnürt. Ich mußte Personal einstellen, die Enten herzurichten, Pergament und Packpapier, Bindfaden kaufen, sie zu verpacken, denn ich begann jetzt — da die Enten sich von selbst untereinander zu vermehren begannen, ein Vorzug, auf den schon in den Prospekten der Farmer hingewiesen wurde — Enten zu verschicken. Zu jeder neuen Kurzgeschichte von mir packte ich eine Ente.

Die Geschichte kam zurück, der Entenbraten nicht.

Wir lebten noch lange mit den Enten. Freunde besuchten uns nicht mehr. Sie wollten keine Enten mehr essen. Wir waren damals sehr einsam. Die einzigen Lebewesen, die wir sahen, wenn wir vor die Tür traten, waren Enten, Enten, Enten . . .«

An meinem Elektroherd stimmte etwas nicht. Nun gut, er steht vier Jahre in meiner Küche. Da kann schon einmal etwas passieren. Ich ging zu dem, von dem er war. Der hatte keine Zeit für Reparaturen. Er erklärte, ihm fehlten die Leute und er könne wirklich keine Reparatur mehr übernehmen. Dann eilte ich mit dem inneren Schwur, seinen Laden nie wieder zu betreten, zu einem anderen Händler mit angeschlossener Werkstatt. Ich kaufte sicherheitshalber, um gute Stimmung für mein Anliegen zu machen, einen Satz Lusterbirnen, zwei Langspielplatten und eine Bügelschnur bei ihm. Dann brachte ich meinen Wunsch vor.
»Bei mir wäre eine kleine Reparatur am Elektroherd – könnten Sie kommen?«
»In acht Wochen, frühestens.«
»Aber wir müssen inzwischen kochen, essen, trinken!«
»Andere Leute müssen auch warten. Übrigens, haben Sie den Herd bei mir gekauft?«
»Nein«, gestand ich kleinlaut.
Da schwoll er an wie ein Faß und brüllte:
»Dann gehen Sie zu dem, von dem Sie den Herd haben! Eine Unverschämtheit, andere Leute damit zu belästigen!«
Er ließ mich mitten im Satz stehen, und ich schlich wieder zu dem Händler, von dem ich den Herd bezogen hatte, und klagte ihm mein Leid.

»Wie alt ist denn Ihr Herd?« fragte er.

»Gute vier Jahre.«

»Dann gibt's dafür sowieso keine Ersatzteile! Am besten, Sie kaufen sich gleich einen neuen Herd mit allen Schikanen, Schnellplatte, automatischer Röhre, Zeituhr — ein völlig neues Kochgefühl! In drei Stunden steht der Herd bei Ihnen . . .«

Was blieb mir übrig? Ich tat es.

Vier Wochen später funktionierte mein Fernsehapparat nicht. Das Bild lief davon. Ich gab mir alle Mühe, ihn wieder ins Gleichgewicht zu bringen. Dann ging ich zu dem Fernsehhändler und bat ihn, zu mir herüberzukommen. Ob es ihm heute möglich wäre?

»Wie stellen Sie sich das vor?« rief er. »Mein Kundendienst ist völlig ausgelastet. Ich ersticke in Reparaturen. Ich werde Sie eintragen. In sechs Wochen vielleicht.«

»Aber unsere Tochter singt morgen im Fernsehen. Es ist ihr erstes Konzert.«

»Das mag für Sie von Bedeutung sein, mich kümmert's nicht. Ich habe weder einen Wagen frei noch einen einzigen Mann. Wie alt ist denn Ihr Gerät?«

»Drei Jahre«, sagte ich.

»Dann hat die alte Flimmerkiste ihre Pflicht ja reichlich getan. Wenn einmal Reparaturen anfangen, hört das nie wieder auf. Am besten, Sie kaufen sich ein neues Gerät mit dem dritten Programm und Anschluß an das Farbfernsehen. Das lohnt sich, ein völlig neues Fernsehgefühl! Wenn Sie mir jetzt den

Auftrag geben, steht das neue Gerät in zwei Stunden bei Ihnen, mit allen neuen Antennen, ich schicke Ihnen zwei Mann —«

Wie es der Zufall wollte, schnackelte unsere vollautomatische Waschmaschine zwei Tage später aus. Sie war durch nichts zu überreden, weiterzumachen. Ich ging zum Händler.

»Unsere Waschmaschine, die ich vor zwei Jahren bei Ihnen gekauft habe, tut's nicht mehr. Könnten Sie jemanden —?«

Ich kam nicht weiter. Er warf die Arme zum Himmel, er sei völlig überfordert und könne in den nächsten drei Monaten keine Reparaturen übernehmen.

»Am besten wäre es, Sie kaufen sich eine neue Waschmaschine. Die Technik ist nicht stehengeblieben, der automatische Fortschritt ist auffällig, ein völlig neues automatisches Waschgefühl. Ich habe die neuesten Modelle auf Lager, in einer Stunde ist sie bei Ihnen aufgestellt . . .«

Drei Tage später wurde meine Frau ernstlich krank.

Ich eilte zum Arzt. Der Arzt hatte keine Zeit.

Sein Wartezimmer war überfüllt.

»Ihre Frau muß ins Krankenhaus«, sagte er, »aber vor drei, vier Wochen ist kein Bett frei. Wie lange sind Sie denn schon verheiratet? Am besten wäre es . . .«

Das habe ich nicht getan, meine Frau gegen eine neue ausgetauscht. Ich habe sie mit Liebe und Geduld gesundgepflegt. Im alten glücklichen Ehegefühl.

Fünf Steinwürfe von meinem Haus entfernt, steht der alte Gasthof »Zur Kreuzstraße«. Vier Straßen stoßen hier rechtwinklig zusammen, eine von Norden, eine von Süden, von Ost und West kommend. Vier Bäume stehen in jeder Ecke, vier Wegweiser nach jeder Richtung.

Wir Autofahrer, die wir oft diese Strecke fahren, kennen diese gefährliche Kreuzung. Wir mindern unsere Geschwindigkeit, werfen einen kurzen Blick nach rechts und überzeugen uns, ob die Strecke für uns frei ist.

Die Kenntnis des Vorfahrtsrechtes ist wohl nirgends so wichtig wie hier, und manch einer, der sie nicht beachtete, fand Gelegenheit, darüber einige Wochen in stiller Abgeschiedenheit nachzudenken.

Eines Tages nun geschah es, daß mit gleicher Geschwindigkeit vier Wagen auf allen vier Straßen sich der Kreuzung näherten. Von Norden, von Osten, von Süden und Westen. Unmittelbar vor der Kreuzung bremsten sie ab und hielten.

»Ich habe das Vorfahrtsrecht vor Ihnen!« rief der Mann, der von rechts kam, zu dem Wagen hinüber, der links von ihm hielt. Das linke Auto sah dies ein und wartete. Nun hielt aber wiederum rechts von dem Wagen, der das Vorfahrtsrecht hatte, ein anderer Wagen. Und auch aus diesem Wagen beugte sich ein

Herr, der dem Fahrer, der das Vorfahrtsrecht vor dem linken Wagen hatte, zurief:

»Ich habe das Vorfahrtsrecht vor Ihnen, mein Herr!«

»Nur zu!«

Der letzte Wagen wäre also jetzt mit Recht weitergefahren, sein Vorfahrtsrecht nutzend, wenn nicht wiederum rechts von ihm der vierte Wagen gewartet hätte.

»Einen Augenblick, mein Herr!« rief der vierte Fahrer, »ich stehe rechts von Ihnen – also habe ich die Vorfahrt!«

»Keineswegs!«

Der dies rief, war der Fahrer des zweiten Wagens, von dem wir am Anfang der Begegnung sprachen und der geduldig das Vorfahrtsrecht des ersten Wagens abwartete.

»Keineswegs!« rief also der zweite Fahrer, »Sie stehen links von mir – ich habe die Vorfahrt vor Ihnen!«

»Dann fahren Sie endlich!«

»Ich kann nicht. Ich muß dem Wagen rechts von mir die Vorfahrt einräumen!«

So standen sie viele Stunden und viele Tage und Wochen, und wenn sie nicht gestorben sind, stehen sie heute noch dort und streiten und können sich nicht einig werden über ihr Vorfahrtsrecht. Darum besteht nicht immer auf euerm Recht! Wir kommen sonst nicht vorwärts, bleiben auf der Stelle stehen und haben doch alle noch so viel zu tun in unserem kurzen Leben.

Meine Tochter Christine kam als kleines heulendes Etwas aus Wien zurück. Sie sah aus wie ein Kätzlein, das ins Wasser gefallen war. So verbeult und zerfleddert, das Lachen war ganz aus ihrem Gesicht verschwunden, und die Augen leuchteten tränenfeucht.
»Was ist dir geschehen, Christine?«
»Nichts, Papa.«
»Aber du weinst doch?«
»Ich weine nicht. Schau her, wie ich lächle!«
Sie bemühte sich, zu lächeln. Aber dabei hatte sie auf ihre Augen nicht aufgepaßt, und da purzelten die Tränen gleich in Trauben herunter.
Es hätte mich schon stutzig machen müssen, daß meine Tochter, die vierzehn Tage in Wien bei ihrer Freundin gewesen war, um den Sommer in dieser Stadt zu erleben, ihr Heimkommen immer wieder um einen Tag verschoben hatte. Das war sonst nicht ihre Art. Wenn sie am Mittwoch ankommen sollte, war sie bisher lieber am Dienstag abgereist als einen Tag später. Diesmal aber schrieb sie in letzter Minute, sie möchte erst Donnerstag kommen. Am Donnerstag depeschierte sie ihre Ankunft für Freitag, aus dem Freitag wurde der Samstag, und am Sonntag kam sie endlich. Verheult und völlig verändert. Dabei hatte ich für sie eine große Freude im Sack. Aber ich durfte nichts verraten, ich hatte es versprochen.

»Fahren wir bitte gleich nach Hause, Papa«, sagte Christine.
»Wir werden zunächst einmal etwas essen gehen, etwas Gutes«, antwortete ich.
Ich gehöre noch zu jener Generation, die glaubt, mit guten Bissen Trost spenden zu können. So nahm ich meine Tochter am Arm und führte sie auf die Terrasse des Parkhotels. Ich hatte ihren großen Koffer genommen, sie trug den kleinen und ein armseliges Veilchensträußchen, das den Strapazen der Reise nicht gewachsen gewesen war. Müde ließ es die kleinen blauen Blütenköpfe hängen; wie eine Klasse der Kleinsten nach einem Schulausflug sahen die Veilchen aus.
Der Kellner kam.
Christine nahm einen Orangensaft.
»Was willst du essen?«
»Ich bringe keinen Bissen hinunter, Papa.«
Ich ließ es nicht gelten.
»Zwei Pastetchen«, sagte ich.
»Mit Hummerragout?« fragte der Kellner.
Seit wann füttert ein Vater seine Tochter mit Hummerragout? Ich sagte:
»Nein. Wie sie hier auf der Karte stehen.«
Der Kellner schob beleidigt ab. Er hatte zu dieser Vormittagsstunde mit besseren Gästen gerechnet. Daß ich ihn darüber hinaus noch um eine kleine Vase für die welken Veilchen bat, nahm er wortlos von weitem, ohne zurückzukommen, zur Kenntnis.

»Ich glaube ohnedies nicht, daß sie sich noch erholen«, sagte ich zu meiner Tochter.
»Sie sind noch ganz frisch, Papa. Ich habe sie gestern abend beim Heurigen in Nußdorf bekommen.«
»War er so einmalig?«
»Der Wein? Der Heurige?«
»Nein«, sagte ich und deutete auf die Veilchen, »der, der dir das da geschenkt hat.«
»Ach, Papa —«
Da kamen die Tränen schon wieder.
Und ich hatte mich doch bemüht, den Damm zu schließen.
»Nun erzähl schon, Kind! Herunter von der Seele!«
»Da ist nichts zu erzählen, Papa.«
»Wie heißt er?«
»Wer?«
»Komm! Spiel mit mir kein Verstecken! Also, wie heißt er?«
»Günter«, sagte Christine.
»Was ist er, und was kann er?«
»Er ist Innenarchitekt.«
»Ich habe nicht gefragt, was er innen ist. Innen ist er Architekt, und was ist er außen?«
Das ist ein alter Witz. Ich verwende ihn im Umgang mit meiner Familie gern. Die Familie weiß seit Jahren, daß sie darüber lachen muß, und sie lacht. Es gibt noch Familien mit einem guten Familienleben.
Sogar in dieser Minute, wo meiner Tochter das Weinen näher war als das Lachen, lächelte sie. Wohl mehr

über ihren alten Vater, der immer die gleichen Witze macht.

»Du bist ein geliebter Papa!« sagte sie und drückte mir die Hand.

»Und du bist momentan ein sehr unglückliches Mädchen. Was ist geschehen?«

»Ich bin gar nicht unglücklich, Papa.«

»Wie lange kennt ihr euch?«

»Genau achtzehn Tage. Ich war in der Oper gewesen.«

»Er saß neben dir?«

»Nein. Er stand neben mir. Ich hatte doch Stehparkett. Das ist in Wien so üblich für junge Leute.«

»Also ist er jung?«

»Sechs Jahre älter als ich.«

»Er ist ein Opernliebhaber?«

»Frag nicht so spöttisch, Papa! Er wollte gar nicht in die Oper gehen, aber als er mich auf der Kärntner Straße um Stehparkettkarten anstehen sah, stellte er sich daneben. Er hat es mir später erzählt.«

»Wann später?«

»Nach der Oper. Im Café Imperial.«

»Das war an deinem ersten Tag in Wien«, nickte ich, »ich sehe, du hast deine Zeit nicht verloren. Dann wart ihr sicher in Schönbrunn und in Grinzing —«

»— und am Kahlenberg und am Tulbinger Kogel«, ergänzte meine Tochter lebhaft, »im Belvedere und im Urbanikeller und in Heiligenkreuz und in der Stephanskirche und bei der Ruprechtskirche, das ist die älteste Kirche Wiens, vor der die Donaufischer ihre Kähne anbanden —«

»Mit einem Wort: er hat dir Wien gezeigt«, sagte ich, »und da du nach dem Ablauf deiner vierzehn Tage Wien noch nicht ganz gesehen hattest, hast du deine Abreise immer wieder verschoben.«

»Nicht deswegen, Papa.«

»Sondern?«

Jetzt brachte der Kellner die Pasteten und sogar ein Glas mit Wasser für die Veilchen. Kellner sind meist besser als ihr Ruf. Sie können nur eben selten bei kleinen Bestellungen ihre Enttäuschung im Gesicht verstecken.

»Die Pasteten, mein Herr.«

Die Pasteten schmeckten königlich. Sie heißen ja auch so.

Christine war zuerst mit der ihren fertig.

»Ich dachte, du bekommst keinen Bissen hinunter, Christine?«

»In deiner Gegenwart, Papa — das Leben ist ganz anders, wenn du bei mir bist.«

Solche Worte tun einem Vaterherzen gut.

»Erzähl weiter von deinem Architekten.«

»Da ist nichts mehr zu erzählen.«

»Liebst du ihn?«

»Ich weiß es nicht.«

»Du sagst es nicht. Aber du weißt es. Und er? Liebt er dich?«

Ein tiefer Seufzer, ganz von unten.

»Ach, Papa!«
»Seufz nicht, sondern sprich! Weshalb hast du deine Abreise immer wieder verschoben?«
»Kann ich bitte noch ein Glas Orangensaft haben, Papa?«
»Du bist eine große Verzehrerin, Kind! Herr Ober, bitte einen Orangensaft! Nun beichte.«
»Erst wenn der Kellner da war.«
»Das kann eine Ewigkeit dauern. Also weshalb?«
Christine zupfte die Veilchen im Glas zurecht.
»Ich hatte Günter gesagt, daß ich Mittwoch heimfahre. Er war weder verzweifelt, noch sagte er irgend etwas. Aber das war es nicht, was mich verwirrte.«
»Was war es dann?«
»Er fragte mich nicht nach meiner Adresse.«
»Wie meinst du das?« fragte ich.
Christine sprach jetzt sehr schnell.
»Er fragte nicht, wo ich hinfahre und wohin er mir schreiben kann. Kannst du dir das vorstellen, Papa, daß ein Mensch, von dem du glaubst, daß er dich liebhat, nicht fragt, wohin er dir einen Brief schreiben kann? Er muß dir doch schreiben wollen, anders geht es doch gar nicht. Ich dachte zuerst, er hätte es vergessen, deswegen blieb ich einen Tag länger. Morgen wird er dich fragen, dachte ich. Aber er fragte nicht am Donnerstag und nicht die anderen Tage. Nicht einmal am letzten, nicht einmal gestern. Also war ich weiter nichts für ihn gewesen als lustige vierzehn Tage, ein verliebtes Abenteuer, nichts anderes. Ein

Mann, der dich nicht nach deiner Adresse fragt, der dir gar nicht schreiben will. Kannst du mir nachfühlen, wie man sich darüber als junges Mädchen kränkt? Am liebsten möchte ich sterben!«

Wenn man mich jetzt genau angesehen hätte, hätte man ein Schmunzeln in meinem väterlichen Gesicht erblickt. Nicht daß ich die Herzensaffären einer meiner Töchter auf die leichte Schulter genommen hätte, man muß als Vater die Dinge immer ernst nehmen, die die Töchter an unserer Brust ausweinen. Ich habe stets ein besonderes Taschentuch für ihre Tränen einstecken. Seit Jahren schon. Aber diesmal schmunzelte ich. Ich konnte einfach nicht anders. Mir war sehr wohl in meiner Haut, und ich fand es an der Zeit, mit Christine heimzufahren.

»Siehst du da oben das Flugzeug über uns?« fragte ich.

»Ja. Warum zeigst du es mir?«

»Es kommt aus Wien. Man ist mit dem Flugzeug dreimal so schnell hier wie mit dem Zug.«

»Es ist auch dreimal so teuer.«

»Das kann sein«, sagte ich. Mehr sagte ich nicht.

Daheim war natürlich Jubel, Trubel, Heiterkeit. Wenn eine unserer Töchter zurückkommt, feiern wir immer ein kleines Fest. Da stehen Blumen in ihrem Zimmer, da wird der Tisch festlich mit Damast gedeckt und mit dem Silber und dem guten Sonntagsgeschirr, denn es gilt, der Freude des Wiedersehens den Glanz zu geben, den Widerstrahl des Glückes, den so eine

Tafel zurückspiegelt. Ich selbst nehme die guten schönen Gläser aus dem Schrank, das darf keiner tun als ich, es ist wie eine Zeremonie, wenn ich sie noch einmal sanft poliere und auf den Zentimeter genau vor jedem auf seinen Platz stelle, das Glas für die Mutter, die drei Gläser für meine Töchter, das Glas für mich. Diesmal stellte ich sechs Gläser auf den Tisch, das volle halbe Dutzend.

Wir setzten uns aufgeregt — das heißt, wir waren es, die aufgeregt waren, meine Tochter Christine, in der Freude des Heimkommens und auch jetzt noch den Veilchenstrauß aus Wien in der Hand, nahm arglos auf ihrem Stuhl Platz, während ich den Wein einschenkte.

Plötzlich rief sie:

»Papa! Du schenkst ein Glas zuviel ein!«

»Wieso?« sagte ich. »Wir sind doch sechs.«

»Nein«, sagte Christine, »wir sind fünf.«

»Wir sind sechs.«

»Du kannst nicht zählen, Papa.«

»Besser als du. Dreh dich doch einmal um.«

Da drehte sie sich um. Sie fiel nicht gerade in Ohnmacht, aber beinahe. Der Stuhl fiel um. Das war verständlich. Denn Christine war, von Freude und Schreck überwältigt, so spontan aufgesprungen, daß der Stuhl dem Sturm nicht standhielt. Aber was kümmerte sie in diesem Augenblick der väterliche Stuhl, als Günter vor ihr stand, der schon seit fünf Stunden bei uns war, mit dem Flugzeug vorausgeflogen, um hier seine geliebte Christine wieder in die Arme zu schließen und seinen Veilchenstrauß aus Wien wiederzusehen. Wenn eine Tochter vor Glück das Stottern lernen kann, in solchen Situationen lernt sie es.

»Aber du wußtest doch gar nicht meine Adresse, du Schuft! Du hast mich nie nach ihr gefragt!«

Der große, gutaussehende, nette, geliebte, reizende, ganz nach den Wünschen eines Vaterherzens wie zum Schwiegersohn geborene Mann aus Wien sagte: »Natürlich wußte ich sie. Glaubst du, ich hätte dich sonst wegfahren lassen? Ich hatte sie mir schon am Dienstag heimlich aus deinem Börslein geholt und abgeschrieben. Nur daß ich jeden Tag, den du länger in Wien bliebst, meine Flugkarte nach München zurückgeben mußte, und das vier Tage hintereinander ... darüber, Christine, lächeln heute meine Freunde in ganz Wien.«

Das neue Haus

Ich hatte mir ein Haus gebaut. Ich hatte Jahre dazu gebraucht, zu sparen, zu planen, zu bauen. Als es jetzt fertig war, feierte ich mit den Meinen ein kleines Fest.

»Wie bin ich froh, es für euch gebaut zu haben!« sagte ich und betrachtete es und sah, daß es gut war.

Dann ging ich in die Kirche, um Gott zu danken.

Auf dem Weg zur Kirche traf ich einen, der mich um mein Haus beneidete.

»Hör zu, Rösler«, sagte er zu mir, »wie kann man so unklug sein, sich in den heutigen unsicheren Zeiten ein Haus zu bauen? Liest du nicht von den Unwettern, die über das Land ziehen, von Überschwemmungen, von Blitz und von Donnerschlag, die ein Haus von oben bis unten aufreißen, von Hagelschloßen, die Fenster und Dachziegel zertrümmern, von Wirbelstürmen, die das Dach davontragen, von Sturmfluten, die ganze Häuser wegschwemmen?«

»Ich habe mein Haus auf gutem Grund gebaut«, sagte ich.

»Nun gut, selbst wenn dich das Unwetter verschont, so denke an Feuersbrünste, die ganze Straßenzeilen einäschern. Wie leicht springt so ein Funke auch auf dein Haus über, und es brennt bis zum Boden nieder, und alle deine Ersparnisse, die du in dein Haus gesteckt hast, sind vernichtet. Auch liest man viel von

Explosionen, die in der heutigen Zeit Ausmaße erreichen, daß ein Stadtviertel zu Staub und Asche wird. Wie willst du dein Haus dann wiederfinden, wenn es nicht mehr steht?«

»Ich habe es auf gutem Grund gebaut«, wiederholte ich.

»Wenn du alles nicht fürchtest, Rösler«, fuhr der Mann fort, »so denke daran, in welchen politischen Zeiten wir leben, und daß morgen schon ein neuer Krieg ausbrechen kann, der dich aus deinem Haus vertreibt und es zum Zeltlager der Soldaten macht. Und es wird ein Krieg sein, der ganze Städte vom Erdboden wegfegt, das Land verseucht, bei dem es Atomraketen und Bomben vom Himmel regnet und du dort, wo einmal dein Haus stand, nur einen tiefen Trichter mit unreinem Wasser vorfindest.«

»Ich habe mein Haus auf gutem Grund gebaut«, sagte ich zum dritten Male. Der Neider sah mich verständnislos, fast ein wenig ärgerlich an.

»Du antwortest mir dreimal das gleiche«, sagte er, »worauf stützt sich deine Zuversicht, daß dein Haus stehen bleibt und ihm nichts geschehen wird? Worauf hast du gebaut, daß du ohne Angst und Sorge lebst?«

Ich sagte:

»Auf —«

Ich sprach es nicht aus. Er drängte:

»Sag es, Rösler!«

»Es ist ein wenig altmodisch, was ich sagen werde, und für manche Ohren mag es einen komischen Klang haben. Aber ich baute mein Haus auf etwas, auf das man früher jedes Haus baute und es auch heute meist noch tut, auch wenn man es nicht ausspricht und aus Angst, verlacht zu werden, nicht zugibt.«

»Worauf also?«

Ich sagte:

»Auf etwas, was ich von meinem Vater mitbekommen habe — auf Gottvertrauen.«

Eine veraltete Geschichte vielleicht — und doch darf man sie erzählen — in vielen Häusern gilt sie heute noch.

Jedes Jahr, wenn ich am Heiligen Abend die Kerzen am Baum anbrenne, wenn die Kinder schon ungeduldig vor der Tür warten, bis die kleine silberne Glocke ertönt, gilt mein letzter Blick dem Gabentisch für die Kinder und meine Frau. Neben diesem Tisch steht Jahr für Jahr ein kleiner Tisch, nicht größer, als daß ihn ein Handtuch nicht leicht bedeckte. Unter diesem Tisch liegen die Geschenke, die meine Frau mir zugedacht hat. Es sind meist ein paar Bücher, ein Kalender, zwei Krawatten, eine Festpackung Zigaretten und ein Paar Hausschuhe oder ein bunter Schal, ein Füllfederhalter oder eine neue Brieftasche. So sieht mein Weihnachtstisch aus, und ich weiß, er ähnelt wie ein Ei dem anderen allen Tischen, vor die man am Heiligen Abend die Väter und die Ehemänner führt. Dieses Jahr aber fand ich im Innern der neuen Handschuhe versteckt einen Brief meiner Frau, mit kleiner Schrift hatte sie quer darüber geschrieben: »Lies ihn erst, wenn Du allein bist ...«

»Liebster Mann! In wenigen Minuten wirst Du uns hereinrufen, um mit uns Weihnachten zu feiern«, begann der Brief meiner Frau, den ich las, als die Kerzen am Baum schon kleiner brannten, die Kinder mit ihren Geschenken spielten und meine Frau in der Küche war, das Weihnachtsessen zu richten, »sicher hast Du uns alle wieder viel zu sehr verwöhnt und mich reich beschenkt, wie Du es jedes Jahr tust. Es sind nicht die Geschenke allein, die mich glücklich machen, ich weiß um jeden Weg, wie weit Du läufst, uns von überall das Schönste zusammenzutragen, wie Du vergleichst und umtauschst und erwägst, worüber wir uns am meisten freuen könnten, wie Du unsere Wünsche nicht nur vom Wunschzettel abliest, sondern nachdenkst, was wir sonst noch brauchen und womit Du uns eine Freude machen kannst. Wenn Du dann an Deinen Tisch trittst, findest Du nichts als ein paar Kleinigkeiten, die Du Dir leicht hättest selber kaufen können, Zigaretten, wie Du sie vielleicht gerade in der Tasche trägst. Und wenn Du später darüber nachdenkst oder Dich Deine Freunde fragen, was Du zu Weihnachten bekommen hast, wirst Du vielleicht sagen: Das Übliche — sozusagen nichts —

Du tust mir damit sehr unrecht, liebster Mann! Vermöchte ich es doch, Dir Deinen Weihnachtsbaum so aufzuputzen, daß Du erkennst, was alles zwischen den goldenen Fäden und glitzernden Kerzen hängt! Es ist ein reicher Baum. Sieh ihn nur richtig an. Wovon soll ich Dir Weihnachtsgeschenke machen! Ich bekomme von Dir mein Wirtschaftsgeld, gelegentlich auch einmal ein kleines Geldgeschenk, an meinem Geburtstag oder zu den Geburtstagen der Kinder. Gewiß, ich spare mir etwas vom Wirtschaftsgeld,

Telefon und Fernsehgebühren verschlingen nicht die ganze Summe. Aber mache ich Dir nicht das ganze Jahr von dem gesparten Wirtschaftsgeld Weihnachtsgeschenke? Da ist die Fensterscheibe, die Dein Junge vor Übermut einwarf und die ich heimlich bezahlte; wozu Dich um das Geld bitten und Dir den Ärger über den Jungen machen? Auch Du hast als Junge Fensterscheiben eingeworfen und bist doch ein rechtschaffener Mann geworden. Dann ist wieder ein Kleid, eine Strumpfhose, das unsere Jüngste braucht — Du freust Dich nur, wenn die Kinder hübsch angezogen sind —, soll ich Dir jedes neue Paar Schuhe vorlegen? Dir vorrechnen, wieviel es Dir wieder von Deinem Weihnachtsgeschenk nahm? Ahnst Du überhaupt, wie schwer es ist, vom Wirtschaftsgeld etwas zu sparen? Sparen heißt ja auch absparen, das Unnötige vom Nötigen zu trennen, einsparen, wo es nur möglich ist. Aber wo kann ich es tun? Doch nur in den täglichen Dingen, an einem guten Bissen, den ich Dir vorenthalte, an Blumen, die ich nicht kaufe, am Obst, das vielleicht für den Nachtisch nicht nötig war, an den kleinen selbstgebackenen Bäckereien, die die Kinder als Betthupferl bekommen und die Du so gern am Abend knabberst. Ich sollte auch warten, bis die Erdbeeren und Kirschen billiger sind, und mich nicht durch den Glanz in den Augen der Kinder und auch in Deinen, liebster Mann, verleiten lassen, Obst und Gemüse früher zu kaufen, ehe es den billigsten Marktpreis hat.

Alles dies müßte ich an Deinen Weihnachtsbaum hängen. Auch die in aller Heimlichkeit bezahlte höhere Lichtrechnung, denn ich habe Dir nichts davon erzählt, daß einigemal die ganze Nacht hindurch in Flur, Küche und Bad das Licht brannte, als Du sehr spät heimgekommen warst und ich es erst am nächsten Morgen bemerkte. Hätte ich Dich fragen sollen, ob Du es warst? Dich bitten, in Zukunft daran zu denken? Nur darfst Du eben dann zu Weihnachten nicht vergessen, daß auch diese Lichtrechnung als unsichtbare Gabe an Deinem Weihnachtsbaum hängt.
Ich könnte Dir noch viele Dinge erzählen, die an den silbernen und goldenen Fäden am Weihnachtsbaum hängen, jene teure Schüssel, die ich ersetzte und die zersprang, weil Du sie auf die heiße Herdplatte gesetzt hattest — die unzähligen kleinen Wünsche der Kinder für die Schule und zum Spielen — wie ich dem etwas gebe, dessen Dienst Du zu zahlen vergessen hattest, wie ich oft die Mark nicht anschaue und ein Taxi nehme, um ja dazusein, wenn Du heimkommst. Wenn aber dann das Jahr zu Ende geht und Weihnachten vor der Tür steht und ich meine wenigen Pfennige zähle — glaub mir, ich möchte Dir so gern einen großen Weihnachtskuchen backen mit vielen Rosinen und Mandeln, daß Du über ihn gar nicht hinwegsehen könntest, so groß wäre er. Aber ich ließ Dich und die Kinder das ganze Jahr hindurch so oft am Teig naschen, daß meine Weihnachtsgeschenke in unsichtbaren Körben am Baum hängen. Blick darum

nicht auf Deinen schmalen Tisch mit den Hausschuhen, die Du dringend brauchtest, nicht auf den warmen Schal, weil Du Deinen im Herbst verloren hattest — schau auf den Baum, der auch für Dich strahlt, und erkenne mein größtes Geschenk für Dich: meine zärtliche Liebe zu Dir, meine unwandelbare Treue und die Sorge eines ganzen langen Jahres um Dich und Dein Heim.«

Die Kerzen am Baum waren niedergebrannt, als ich den Brief zu Ende gelesen hatte. Aber der Weihnachtsbaum strahlte nicht weniger festlich. Ich ging hinüber zu meiner Frau, die den Kindern das Essen auf den Teller legte.

Der Stuhl aus Aubusson

Ich hatte von Großvater einen Stuhl geerbt, den Großvater von seinem Großvater geerbt hatte, der der Überlieferung nach ein wohlhabender Kaufmann in Aubusson gewesen sein soll. Es war ein recht manierlicher Stuhl mit geschwungenen Füßen, den Sitz gepolstert und aus echtem Nußholz. Da meine Eltern überaus bürgerliche Leute waren, Handwerker in einer kleinen Stadt von 4000 Einwohnern, war der alte Stuhl, da er sich in unser Mobiliar nicht einfügen wollte, in die Kammer des Dienstmädchens verbannt, als Nachttischchen sozusagen, denn damals hatte man neben dem Bett des Dienstmädchens noch keine Nachtkästen. Den Stuhl zum Tandler zu tragen, der neben dem Tand auch Wildbret und Geflügel verkaufte, nur freitags, denn damals hatte man in den deutschen Kleinstädten höchstens sonntags ein Huhn im Topf, erschien uns der Mühe nicht wert. Er entging nur rein zufällig dem unrühmlichen Ende als Feuerholz.

Ich war damals, im Jahre 1903, ein Abc-Schütze und lernte gerade das kleine Einmaleins. Als ich das große Einmaleins auswendig kannte und gerade begann, mit dem Einmaleins des Lebens fertig zu werden, fand ich im alten Bodenkram in jenen Jahren, als der Dachboden wegen der Brandgefahr kein Boden mehr sein durfte, diesen alten Stuhl aus Urgroßväter-Zeiten, den wahrscheinlich mein Urgroßvater schon alt gekauft hatte. Da er mir zum Wegwerfen zu gediegen und zu formvollendet erschien, stellte ich ihn wieder in das Zimmer des Dienstmädchens, diesmal als Stuhl, da das Bett bereits ein Nachtkästchen hatte. Hier entdeckte ihn ein junger Antiquitätenhändler namens Brunnhuber, mit dem unser Hausmädchen »ging« und von dem ich nicht wußte, daß er auch in des Hausmädchens Zimmer gelegentlich saß. Er betrachtete den Stuhl als einen Fund, erschien am nächsten Sonntag bei mir im dunklen Anzug und fragte, für welchen Preis mir der Stuhl feil sei. Er wollte mich nicht betrügen, es sei ein kostbares französisches Möbel aus der Barockzeit und eines guten Preises wert.

»Man muß ihn natürlich ein wenig herrichten«, sagte er, »ich kann Ihnen aber guten Gewissens vierhundert Mark dafür bieten und habe immer noch meinen Nutzen.«

Nun hatte ich in meinem ganzen Haus keinen Stuhl, nicht einmal ein Sofa, das 400 Mark kostete, denn die Mode der antiken Möbel war noch nicht bis in mein Haus vorgedrungen, da war alles Schleiflack und von moderner Sachlichkeit, ich war noch nicht einmal beim Teakholz angelangt. Aber die Reaktion war eine völlig andere, als sie der junge Antiquitätenhändler erwartete. Wenn der Stuhl 400 Mark unter Brüdern wert war, wahrscheinlich noch mehr, war er für mich ja genausoviel wert. Ich lehnte also das Ansinnen des Herrn Brunnhuber ab und trug den

Stuhl sofort von der Dienstmädchenkammer in unser »gutes Zimmer« hinunter. Ich begann ihn zuerst wegen des gebotenen Preises zu bewundern, dann allmählich zu verstehen und schließlich zu lieben. Ich erfuhr von einem meiner Freunde namens Bernheimer, daß der verschlissene Bezug ein Stück Gobelin aus der französischen, wegen seiner Tapisserien und Gobelins berühmten Stadt Aubusson sei, also der Stuhl schon deswegen ein Vermögen wert.

Ich machte den Stuhl aus Aubusson zum Mittelpunkt meiner Wohnung, den niemand mehr benutzen durfte. Der Gedanke, daß der junge Brunnhuber damals im Zimmer unseres Hausmädchens darauf gesessen hatte, erfüllte mich mit Schaudern. Ich kaufte in der Folge gelegentlich sozusagen zur Gesellschaft meines Staatsstückes, damit er eine seiner Kostbarkeit entsprechende Ansprache hatte, einige antike Gegenstände, eine Uhr, ein paar Bilder aus der Zeit, sogar einen Tisch, wenn auch wesentlich später, denn Antiquitäten vertragen sich untereinander, ohne nach dem Jahrzehnt und Halbjahrhundert zu fragen. Kurz, ich wurde ein Antiquitätennarr, und für manches alte Stück gab ich den Wunsch nach einem neuen Anzug, nach einem neuen Hemd, nach einem warmen Mantel auf. Ich sah bald aus wie alle Antiquitätenliebhaber, zerknittert, ausgefranst, in alten Kleidern, aber dafür mit fiebernden Augen, bei allen Versteigerungen und Antiquitätenmessen.

Nun fühlt sich ein einzelner Stuhl ein wenig geniert

in einer Wohnung, und wenn man auch nicht sechs gleiche Stühle aus der Zeit kaufen kann, wie kürzlich in München aus dem Besitz Friedrichs des Großen angeboten wurden, so machte mir doch mein Stuhl aus Aubusson den hörbaren Vorwurf – auch Antiquitäten können sprechen, man muß nur aufmerksam hinhören –, warum ich ihn immer noch ohne Gefährten und so allein im Raum stehen ließe. Da mir zu dieser Zeit gerade ein Stück alter Tapisserie preiswert angeboten wurde, groß genug für zwei Stühle, und der Bezug meines alten schon schlissig geworden war, kaufte ich sie und bestellte bei einem Kunstschreiner, einem Meister in seinem Fach, eine genaue Kopie meines alten Stuhles. Ich mußte ein Vermögen dafür zahlen, da er, wie er sagte, altes Holz aus der Zeit verwendet hätte, aber ich bekam dafür ein Stück, das von dem echten nicht zu unterscheiden war. Sogar das Knarren im Holz, wenn man sich darauf setzte, kam dem ächzenden Knarren des echten Stuhles gleich. Ich hatte sehr viel Freude an beiden Stücken.
Nun geht es im Leben nicht immer so, wie man es sich wünscht – es kamen schlechte Zeiten, Krankheiten fraßen uns das Brot vom Tisch, es gab Pannen im Beruf, und die Bank, bei der ich meinen Notgroschen hatte, schloß ihre Tore – kurz, ich war gezwungen, mich schweren Herzens von meinen Antiquitäten zu trennen und wieder die alten Schleiflackmöbel vom Boden zu holen. Nur von meinen beiden Stühlen trennte ich mich bis zuletzt nicht, bis mir

eines Tages nichts anderes mehr übrigblieb. Ich wollte zuerst die Kopie verkaufen, aber sie waren sich beide so gleich, ich hatte mich an beide so gewöhnt und wußte den nachgemachten nicht mehr von dem echten Stuhl aus Aubusson zu unterscheiden. Auch die Händler, die kamen, vermochten es nicht und machten mir nur billige Angebote für beide Stühle, da ja einer unecht war und sie nicht wußten, welchen sie als echt verkaufen konnten.

Als die Händler gegangen waren, ließ ich mich verzweifelt auf einen der beiden Stühle fallen, der unter meiner Last ächzte. Es klang in meinen Ohren wie schadenfrohes Lachen, so schadenfroh, daß ich erschrocken aufsprang und mich auf dem anderen Stuhl niederließ. Auch er ließ ein Knarren ertönen, aber ein ganz anderes Knarren, ein eher Trost zusprechendes. Wenn ich genau hinhörte, vermochte ich sogar zu erkennen, was er sprach: »Nimm's nicht so schwer, Johannes. Es kommen auch wieder andere Zeiten. Es war bei deinem Großvater und bei dem Großvater seines Großvaters nicht anders.« Da wußte ich plötzlich ganz sicher, welcher von den beiden der echte Stuhl war, und als ich aufsprang, die beiden anzusehen, sah ich es auch, sah es ganz deutlich, und nachdem ich den nachgemachten schnell für Geld verkauft hatte, trug mich die Welle wieder hoch, neue Aufgaben warteten auf mich. Ich kaufte später auch wieder Antiquitäten, niemals aber eine Kopie.

Ein Arbeiter, ein Schubkarren und eine Stunde bedeuten soundso viel Kubik Gestein oder Kies von einer Ecke zur anderen, vom Lastwagen zur Baustelle. Zwar ist auch diese Rechnung relativ, aber bei zehn Schubkarren und zehn Arbeitern gleicht sich das aus und gibt eine Norm.

Wir hatten einen besonders tüchtigen Arbeiter auf dem Bau. Es war eine Freude, ihm bei der Arbeit zuzusehen. Er lief mit seinem Schubkarren wie ein Wiesel, belud ihn übervoll, nicht nur bis zum Rand, nein, er schaufelte noch einen hohen Haufen obenauf und schaffte für zwei. Unermüdlich fuhr er mit seinem schweren Schubkarren vom Kieshaufen zum Bau, voll hin, leer zurück, da gab es kein Verschnaufen oder Stehenbleiben, kein Sichrecken und Sichstrecken, kein Bier, keine Brotzeit, keine Zigaretten, keine Debatten über Mitbestimmung oder Bildungsurlaub, kein Naseputzen oder Stirnabwischen, höchstens, daß er sich einmal in die Hände spuckte, damit die Arbeit noch flotter vonstatten ging.

Man sah ihm die Lust an der Arbeit an.

Der Bauherr sagte zum Baumeister:

»Was für ein prächtiger Bursche!«

»Mein fleißigster!« sagte der Baumeister.

»Wie wird er bezahlt?«

»Wie alle. Nach Tarif.«

»Sollte man ihm nicht einen höheren Stundenlohn —?«
»Keine schlechte Idee!« rief der Baumeister. »Er soll ein Fünftel seines Stundenlohnes pro Stunde mehr haben.«
Am Freitag abend, als der Lohn ausbezahlt wurde, hielt der Baumeister unseren Fleißigsten, den er mit einem höheren Stundenlohn zu belohnen gedachte, zurück, bis die anderen gegangen waren. Dann nahm er ihn beiseite und sagte:
»Ich habe dich bei deiner Arbeit beobachtet, Josef. Ich bin sehr zufrieden mit dir. Ich habe mich daher entschlossen, dir freiwillig ein Fünftel deines Stundenlohnes mehr zu geben.«
»Wie?« fragte der Arbeiter überrascht.
»Du bekommst ab sofort für die Stunde ein Fünftel deines Stundenlohnes mehr als bisher.«
Da sah der Arbeiter seinen Baumeister mißbilligend an, machte aus seiner Meinung kein Hehl und brummte böse:
»Da sieht man's mal wieder! Dafür ist Geld da! Mir ein Fünftel in der Stunde mehr Lohn geben, das können Sie — aber daß einer auf den Gedanken käme, endlich einmal einen größeren Schubkarren anzuschaffen, damit man mehr aufladen kann, dafür reicht's offenbar nicht . . .«

Die Gräfin

Ich hatte eine Nichte. Die Nichte sah nach nichts aus. Es gibt — leider! — solche Nichten. Wie sie an den Mann bringen? Ich versuchte alles mit ihr.
Ich ging mit ihr ins Theater.
Ich wählte Shakespeare. Shakespeare hat fünf Pausen. Es nützte nichts. Das Stück gefiel, die Nichte nicht.
Ich ging mit ihr nach Bayreuth. Die Leute waren entzückt und hingerissen. Aber nur von dem Schwan.
Ich fuhr mit ihr nach Venedig. Nicht einmal die Tauben flogen auf sie.
»Was soll ich nur machen?« fragte ich verzweifelt meine Frau, »was ich auch tue, wir kriegen sie nicht an den Mann!«
»Du zierst sie nicht«, sagte meine Frau.
»Wie?«
»Sie macht neben dir keine gute Figur.«
»Die englische Königin wird sie auf ihre Partys nicht mitnehmen!« brauste ich auf.
Meine Frau sagte sanft:
»Das nicht. Aber wenn du sie zu den adeligen Fräuleins steckst, sie sind alle etwas mager . . .«
Das war die Lösung. Ich kannte eine vornehme Gräfin. Ich hatte bei ihr einmal die Wasserleitung gedichtet. Sie hatte in ihrer Not nach mir geschickt.
Ein dauerhafter Verkehr von Haus zu Haus hat sich daraus nicht entwickelt.

»Man könnte es versuchen, Kitty.«
»Versuch es, Johannes.«
Ich band mir meine Krawatte dreimal, bis sie saß, dann nahm ich meine Nichte bei der Hand und ging mit ihr zur Gräfin.
»Dies ist meine Nichte«, sagte ich, »sie braucht einen Rahmen — wenn Sie sie gelegentlich zu Ihren Gartenfesten einladen würden, Gräfin?«
Vier Wochen später war meine Nichte verheiratet.
Ich feierte das glückliche Ereignis mit Kitty beim Wein.
»Was glaubst du, Kitty«, sagte ich, »müßten wir nicht — sollten wir nicht —«
»Was, Johannes?«
»Wir sind der Gräfin sehr verpflichtet.«
»Schick Rosen.«
»Einer Gräfin schickt man keine Rosen.«
»Warum nicht?«
»Gräfinnen züchten Rosen. Rosenzucht ist das Gewerbe des Adels und der hohen Diplomatie.«
»Dann schick ihr ein Schmuckstück, Johannes.«
»Was eine echte Gräfin ist, die hat Schmuck zum Schweinefüttern.«
»Vielleicht einen silbernen Tafelaufsatz?«
»Bei der Gräfin steht schon die Tafel auf Silber.«
»Aber irgendwie müssen wir uns erkenntlich zeigen.«
Ich seufzte schwer:
»Das ist es. Aber es muß mit Takt geschehen. Eine Gräfin, da kann man nicht einfach hingehen und sagen —«

Ich ging trotzdem hin.
»Frau Gräfin«, sagte ich, »meine Nichte verdankt Ihnen ihr Lebensglück — meine Frau und ich haben lange nachgedacht, womit wir Ihnen eine kleine Freude machen könnten — ich habe mir daher erlaubt, Ihnen einen Scheck für einen wohltätigen Zweck auszuschreiben. Hier ist er.«
Die Gräfin sah den Scheck und erblaßte.
»Mein Herr!« sagte sie. »Was soll das?«
»Tausend Mark«, sagte ich, »zehn Prozent der Mitgift.«
»Was erlauben Sie sich!?«
Die Gräfin zitterte vor Zorn am ganzen Körper.
»Sie bürgerliches Untier!« stieß sie hervor, »wofür halten Sie mich? Dafür, daß ich Ihre Nichte an den Mann gebracht habe, beleidigen Sie mich auch noch?«
Ich stand da wie ein begossener Pudel. Ich schämte mich entsetzlich meines plumpen Vorschlages.
»Verzeihen Sie mir!« stotterte ich in höchster Verlegenheit, »ich habe mich schrecklich dumm benommen. Aber die Welt ist heute so materiell geworden, jeder Mensch erwartet für die kleinste Freundlichkeit eine Gegenleistung ... ich bin tief beschämt, daß Sie, Frau Gräfin, eine so bewundernswerte Ausnahme sind.«
Da hob die Gräfin ihre Hand, deutete auf den Scheck und sagte:
»Ich bin keine Ausnahme! Ich lehne nur Ihre zehn Prozent ab. Ich bekomme zwanzig Prozent!«

Das letzte Mittel

Das Leben formt den Menschen. Kindheitserinnerungen sind unauslöschlich. Kitty hatte sich als Kind an einer Nähnadel gestochen. Seitdem fürchtete sie sich vor Nähnadeln. Ich wußte es nicht, als ich sie heiratete. Als ich es merkte, war es zu spät.

Eines Tages wußte ich keinen Ausweg mehr. Schweren Herzens entschloß ich mich zum letzten Mittel. Ich ging zum Fotografen.

»Meister! Der Weizen blüht!«

»Erfreut! Erfreut!«

»Ein Auftrag für Sie!«

»Geehrt! Geehrt!«

»Fotografieren Sie mich!«

»Für welchen passenden Zweck?«

»Ich muß nicht schön sein.«

»Es wäre mir leichtgefallen.«

»Danke.«

Der Fotograf putzte die Linse.

»Legen Sie ab, Herr Rösler.«

»Wozu?«

»Den Hut wenigstens.«

»Meinetwegen den Hut!«

»Und den Mantel!«

»Den Mantel? Ausgeschlossen.«

»Sie wollen den Mantel anbehalten?«

»Ja. Ich bin nicht hoffärtig.«

»Auf Ihre Verantwortung!«
»Ich werde sie tragen.«
»Bitte lächeln!«
Ich lächelte. Er fotografierte.
Tage vergingen.
Ich kam eines Abends heim.
»Ach, Johannes!«
»Du klagst, Kitty?«
»Die Bilder sind gekommen.«
»Welche Bilder?«
»Du hast dich fotografieren lassen.«
»Richtig. Und?«
Kitty glich der Bildsäule des heiligen Zorns.
»Wie konntest du nur, Johannes!«
»Was denn?« fragte ich harmlos.
»Hast du dich nicht zuvor im Spiegel betrachtet?«
»Doch. Ich tat es.«
»Sahst du nicht, daß an deinem Mantel —«
»Nun?«
»An deinem Mantel fehlen vorn zwei Knöpfe.«
Ich atmete erlöst auf.
»Gott sei Dank! Endlich siehst du es! Die fehlen nämlich schon seit zwei Jahren!«

»Wenn ich morgen das neue Jahr beginne ...«

Wenn ich morgen das neue Jahr beginne, habe ich viele gute Vorsätze. Ich weiß, ich werde sie wieder vergessen, das haben die guten Vorsätze so an sich, aber wenn ich mir auch nur einen von ihnen zur täglichen Gewohnheit mache, ist schon etwas gewonnen.

Ich nehme mir vor, im neuen Jahr –

– gute Nachbarschaft zu halten. Du wohnst mit einer Familie Tür an Tür, ihr kennt euch, ihr grüßt euch und leiht euch gelegentlich gefällig auch einmal ein Ei oder einen Hammer. Aber was wissen wir sonst von unserem Nachbarn? Doch nur, was die Leute uns zutragen, meist nicht das Beste. Nur den Ärger merken wir uns, wenn er bis spät in die Nacht Gäste hat, wenn sein Fernseher zu laut eingestellt ist oder er einen Nagel in die Wand schlägt. Dabei, wenn man es recht bedenkt, steht uns der Nachbar näher als der nächste Verwandte, er ist immer zur Hand, wir wohnen unter einem Dach, und wenn es brennt, werden wir uns gegenseitig die Löscheimer in die Hand geben. Bei großen Ereignissen ist alles selbstverständlich: Bricht sich der Nachbar ein Bein, tragen wir ihn hinauf, verstaucht er sich aber nur den Fuß, rufen wir höchstens Hoppla. Hat einer von uns, wenn sein Nachbar in Not geriet, von selbst an seiner Tür geläutet und ihm Hilfe angeboten?

Macht er in solchen Fällen nicht nur sehr langsam die eigene Wohnungstür auf, wenn der Nachbar draußen steht, von dem wir wissen, daß ihm ein paar Mark aus dem Gröbsten heraushelfen würden? Bedeutet Tür an Tür nicht mehr Herz an Herz? Ich will im nächsten Jahr versuchen, eine bessere Nachbarschaft zu halten, und wenn seine Frau im Mai ihr drittes Kind bekommt, werden wir leise sein und die Türen behutsam schließen und nicht mehr sagen, wie beim ersten und zweiten Kind: »Wieder so ein Schreihals in der nachbarlichen Wohnung mehr!«

– mit meinen Kindern jeden Morgen, ehe sie in die Schule gehen, gemeinsam zu frühstücken. Auch wenn ich deswegen ein wenig früher aufstehen muß, so sind es doch täglich zehn Minuten, die ich mehr an ihrem Leben teilhaben kann. Wie schnell sind die Tage vorbei, wo die Kinder uns noch brauchen. Der erste Schultag zwar ist für jeden Vater ein Feiertag, da nimmt er sich die Zeit und führt seinen Abc-Schützen persönlich in die Schule. Aber später, wenn das Kind schon weiß, wieviel zwei und zwei sind, und Hand und Hund schreiben kann, sieht er am Morgen höchstens noch den Schulranzen auf dem Rücken seines Kindes durch die Tür verschwinden, wenn er aus dem Schlafzimmer kommt.

Warum glaube ich, kein Tag kann zu Ende gehen, ehe ich nicht alle Zeitungen gelesen habe? Ein Gespräch mit meinem kleinen Sohn, und was er mir zu erzählen hat, bringt keine Ewigkeit zurück, wenn ich

ihm nicht zuhöre oder gar sage: »Jetzt sei eine Minute still und laß mich meine Zeitung zu Ende lesen!« Klingen die Stimmen der eigenen Kinder unserem Ohr nicht beglückender als die perfekteste Sinfonie im Rundfunk? Warum sehe ich mir auf dem Fernsehschirm die einstudierten Bewegungen eines Tanzstars mit Vergnügen an, statt mich an der gottgeschenkten Anmut und den geliebten tolpatschigen Schritten meiner Zweijährigen zu erfreuen? Warum schenken wir unseren Kindern so wenig Zeit? Ich werde sie mir im neuen Jahr nehmen, auch wenn ich dann nicht mehr weiß, wie der Prozeß in der Zeitung endete und wem im Fernsehquiz der große Wurf gelang. Ich will mich am Morgen, zu Mittag und am Abend meinen Kindern widmen, solange ich sie noch im Hause habe, das sind hunderttausend glückliche Minuten im Jahr, ich brauche nur den Verstand, sie mir zu nehmen.
— mein Haus nicht mehr denen zu verschließen, die ein Zuhause nötig haben. Ich habe es mir lange überlegt, ob ich es tun soll. Man hat gern eine Wohnung für sich und seine Familie allein. Als mein ältester Sohn jetzt in eine fremde Universitätsstadt zog, erfuhr ich aus seinen Briefen, wie schwer es auch dort ist, ein Zimmer zu finden. Es wird dort sein wie bei uns und anderen Familien: Wir sind jetzt froh, ein Zimmer mehr zu haben, wir können uns breiter machen. Aber draußen auf der Straße gehen sie herum, zu Hunderten, die jungen Menschen, die in unsere Stadt kamen, und suchen ein Dach über dem Kopf, eine

warme Stube zum Studieren und Schlafen. Sollte ich nicht einen von ihnen heraufbitten und zu ihm sagen: Da ist dein Bett, da ist dein Tisch, da ist dein Zuhause. Mein Sohn, jetzt in der Fremde, wäre mir wieder näher, weil ein Gleichaltriger von ihm bei uns lebt. Wenn ich den festen Schritt meines Jungen nicht mehr die Treppe heraufpoltern höre und sein falsches Pfeifen, bei dem ich hundertmal zu ihm gesagt habe: »Mußt du immer so viel Lärm machen? Kannst du nicht leise gehen?« — Jetzt werde ich wieder das Heraufpoltern und das unmelodische Pfeifen hören, es ist unser Mieter, ein Student gleich ihm. Auch er wirft beim Heimkommen die Bücher so hart auf den Tisch wie mein Junge, und deswegen werde ich ihn lieben, und wir wollen uns um seinetwillen weiter einschränken, wir bleiben so dichter am Leben, unsere Wohnung verwaist nicht, wie es bei den Egoisten zu sein pflegt, wenn die eigenen Kinder aus dem Haus sind, und wir können sogar dann die Einsamkeit des Alters noch ein wenig hinausschieben, meine Frau und ich.